Linha Do Tempo: Relação Entre Humanos E Os Outros Animais

Misticismo, Teocentrismo, Antropocentrismo, Biocentrismo

Sérgio Augusto

FICHA BIBLIOGRÁFICA
Dados Internacionais de Publicação

A923l   Augusto, Sérgio. 1976 –

      Linha do tempo: Relações entre humanos e os outros animais – Misticismo, Teocentrismo, Antropocentrismo, Biocentrismo. – Brasília: Clube de Autores, 2018.

      106 páginas.

      ISBN 9788592470104

      1. Ética animal abolicionista. 2. Libertação animal. 3. Veganismo. 4. Direito dos animais. 5. Impacto da pecuária no meio ambiente I. Augusto, Sérgio. II. Título.

CDD 179.3
341.276
344.046
613.26

Impresso no Brasil
Printed in Brazil

Resumo

Linha do tempo: Relações entre humanos e os outros animais
Misticismo, Teocentrismo, Antropocentrismo, Biocentrismo

A construção da temática teve início em 2013, em um pré-projeto de graduação para o Trabalho de Conclusão de Curso (TCC), em Ciências Biológica e, obteve aprovação em 2015. Na síntese das pesquisas documentais, a inspiração veio da obra "O Contrato Animal", de Desmond Morris. A obra despertou a ideia de organizar as relações humanas com os outros animais ao longo da história da seguinte forma: relações naturais, místicas, teocêntricas, antropocêntricas e biocêntricas. Essa classificação foi associada respectivamente à Pré-História (até 4000 a.C.), Idade Antiga (até 476 d.C.); Idade Média (até 1453 d.C); Idade Moderna (até 1789 d.C.) e Idade Contemporânea (dias atuais). Os períodos mais antigos remetem-se às relações baseadas no instinto e na luta pela sobrevivência (presa e predador).

Na Pré-História, em um tempo impreciso, é inserida a concepção de "alma e espírito", resultando em novas relações, o que chamo de relações místicas. As crenças ficam complexas; nascem as religiões. As relações com os outros animais são modificadas, conforme a peculiaridade de cada religião (relações teocêntricas). No Cristianismo, por exemplo, o conceito de alma aos outros animais não era permitido. Os animais eram vistos como inferiores, brutos, criados por Deus para servir aos humanos. Segundo Morris, a ideia de que os animais não têm alma elimina a culpa nas relações cruéis. Chegando à Idade Moderna, os outros animais continuam sendo vistos como seres inferiores, irracionais, produtos, objetos e recursos naturais para servir aos humanos. O humano agora toma o lugar de Deus, como centro do universo (relações antropocêntricas). Na Idade Contemporânea, a ética e a moral não são limitadas ao benefício do humano e abraçam toda a biodiversidade, principalmente, os seres que possuem a capacidade de sentir dor.

A partir deste trabalho, é possível identificar em qual época está embasada determinada relação, argumento ou visão em relação aos outros animais. É possível ter uma melhor compreensão sobre a persistência humana na violência e na exploração dos outros animais. A sociedade está na Idade Contemporânea. Será que nossas ações em relação aos outros animais correspondem ao nosso tempo?

Revisão janeiro 2019

Contato com o autor
01sergioaugusto@gmail.com

Sumário

Apresentação

A criação deste livro se deu através de um pré-projeto para um material educativo a ser entregue nas escolas, à disciplina de Trabalho de Conclusão de Curso (TCC), da graduação em Ciências Biológicas, apresentada em 2013. Para a conclusão do TCC, foi necessário mais de um ano, devido à complexidade do assunto e os desafios de inserir uma temática tão indesejada ao meio acadêmico antropocêntrico tradicional.

Todavia, é importante salientar que a experiência pessoal é parte integrante na produção deste estudo, pois, sem a imersão no ativismo ético animal, não seria possível identificar e compreender a importância de se evitar a dor e a exploração dos seres sencientes.

Em setembro de 2008, trabalhava na Secretaria de Saúde, no município de Laguna/SC, quando realizei um projeto para socorro de cães, gatos e cavalos abandonados. Nas pesquisas realizadas na internet, encontrei uma imagem curiosa, em que havia um cão vestido de vaca, com a seguinte frase: "Se você ama uns, por que come outros?".

A imagem, todavia, requer uma atenção especial à compreensão, pois há um significado provocante. Ao clicar na imagem, fui direcionado a um blog, com vídeos de animais nos matadouros. Após alguns minutos, assistindo aos vídeos, aconteceu a associação ou um "despertar". Salvar cães, gatos, cavalos e outros animais? Por que não dar a mesma consideração de igualdade a todos esses animais?

Na época, o veganismo era pouco conhecido na sociedade. A família, a igreja, a escola, a faculdade, os amigos, os colegas de trabalho, a televisão, os jornais, os outdoors: toda a sociedade nos ensina a explorar e financiar a matança de bilhões de animais por ano.

Após a reflexão, não consegui ver sentido na própria existência, pois surgiram sentimentos de culpa, conivência e responsabilidade por toda aquela atrocidade socialmente aceitável. A frase de Mahatma Gandhi encaixa perfeitamente no sentimento: *"Deveríamos ser capazes de recusar-nos a viver, se o preço de nossa existência é a dor e o sofrimento daqueles que têm a capacidade de sentir"*.

Frase colocada numa faixa[1] e junto à companheira Andrezza, fomos à nossa primeira manifestação em prol dos animais.

Figura 1 Manifestação Anti Vivissecção e Experimentação Animal 28/04/2012, Brasília/DF.

---

[1] *Na época, ficamos em dúvida nas frases "Seja Vegetariano" ou "Seja Vegano". É comum os recém-chegados a causa animal ficarem com receio de expor "Vegano", pois, em 2012, o veganismo era muito pouco conhecido. Entretanto não é justificativa, porque "vegetariano" é uma dieta à base de vegetais e sem derivados de animais. O "vegano" vai além da dieta, é uma postura ética/moral contra a exploração dos outros animais. O correto seria a frase "Seja Vegano". Recomendo a todos a não censurar o veganismo. Como o veganismo poderá ser conhecido sem expressar a identidade? A identidade é fundamental.*

Figura 2 Manifestação Anti Vivissecção e Experimentação Animal 28/04/2012, Brasília/DF.

Com toda mudança interna e externa, é natural a vontade de compartilhar as experiências com os outros. Na internet, por exemplo, existem vários grupos que discutem sobre o veganismo e, muitas vezes, em discussões fervorosas.

É um salto no escuro, contra tudo, contra todos e a favor dos animais não humanos.

O ovolactovegetarianismo, a princípio, resolveria a crise de consciência. A primeira refeição, sem carne, foi a disponível que se encontrava na geladeira: arroz com geleia de morango (horrível). A mudança foi tão imediata, que não deu tempo para pesquisar ou adaptar a geladeira. No dia seguinte, vídeos e documentários da indústria de laticínios e de ovos foram assistidos. Na produção do leite de vaca e do ovo, a crueldade ainda é pior mediante a exploração e tortura dos animais antes de eles chegarem aos matadouros. A crise de consciência só passou mesmo com o veganismo e, todavia, esse foi um dia ovolactovegetariano.

Logo em seguida, foi à vez da companheira Andrezza e, por último, a nossa filha, Ana Luíza, aderir-se ao ovolactovegetarianismo. Um dia, o professor do cursinho pré-vestibular da Ana Luíza, perguntou – "o que seus pais acham de você ser vegetariana?" Ele esperava receber comentários a favor do consumo de carne. A resposta foi – "Eles criticam muito, por eu ainda não ser vegana".

A minha conclusão da primeira graduação foi com idade avançada, depois de constituir família e casa própria. Quando jovem, as universidades públicas eram nas capitais dos estados e havia apenas uma universidade na cidade vizinha, porém, particular, cujas mensalidades eram caras. Contudo, ao passar do tempo, os acessos às universidades melhoraram consideravelmente e, finalmente, realizei uma graduação.

Durante o TCC, fiquei em dúvida quanto ao caminho a seguir. Fazer um TCC básico, apenas para ser aprovado ou discutir sobre um tema ao qual passava todos os dias pela minha mente. Ao decidir sobre este tema, percebi que este não seria algo que eu faria por "gostar" e, sim, por ser necessário, principalmente por ter que enfrentar um meio acadêmico e uma sociedade quase que totalmente antropocêntrica.

Refleti, inicialmente, que, muitas vezes, as universidades não reagiriam bem ao tema Veganismo ou Libertação Animal, e, todavia, seria necessário procurar outro tema capaz de "camuflá-lo". Só o fato de mencionar a palavra "veganismo", provavelmente, surgiria vários obstáculos capazes de invalidá-lo. Provavelmente, iriam considerar o tema como uma "imposição de causa ou ideológica". Se fizesse analogia ao passado, seria como abordar temas sobre direito das mulheres e libertação dos escravos. As sociedades machistas e racistas criariam obstáculos na tentativa de invalidar, como se fosse uma simples "opinião pessoal, imposição de causa ou ideologia".

A graduação em biologia possui subdivisões, como, a bioética, a ecologia, a sustentabilidade e o ambientalismo, temas "abre alas" à inserção dos direitos animais. Um dos temas mais aceitos e comuns sobre ética animal é a utilização do uso dos outros animais em experiências científicas, porém, eu desejava fazer algo diferente.

A dúvida do tema foi resolvida após a leitura do livro "O Contrato Animal", do autor Desmond Morris. A obra despertou a ideia de realizar uma trajetória histórica sobre as relações humanas com os outros animais da seguinte forma: relações naturais, místicas, teocêntricas, antropocêntricas e biocêntricas. A classificação foi associada à divisão por Idades respectivamente: Pré-História (até 4000 a.C.); Idade Antiga (até 476 d.C.); Idade Média (até 1453 d.C); Idade Moderna (até 1789 d.C.) e Idade Contemporânea (até os dias atuais).

O resultado foi à construção de uma linha de tempo que busca compreender as diversas formas de relacionamento humano com os outros animais. Inclui, também, questões ambientais, educacionais e de saúde humana.

Introdução

Na compreensão das relações entre homens e outros animais deve-se considerar o contexto dos valores sociais humanos, visto variarem entre as sociedades de diferentes regiões. Vários são os costumes e tradições humanas que, com o passar do tempo, perderam o sentido, muitas delas relacionadas à crueldade com os outros animais. Um exemplo é a festa da "Farra do Boi", no sul do Brasil, proibida por lei. Entretanto, a exploração e as crueldades aos outros animais ainda persistem sob a justificativa de serem consideradas "tradição e cultura", como, por exemplo, os rodeios, vaquejadas, touradas, corrida de cavalos, hipismo, pássaros em gaiolas, peixes em aquário.

O humano nasce como uma página em branco e, ao passar do tempo, a página é escrita pela sociedade[1]. O mundo social das tradições é obra humana. O humano pode viver passivamente absorvendo os costumes, as leis e as regras em sua vida. É verdade também que o humano pode agir de forma ativa, questionando até ao ponto de ocorrer mudança. Os costumes nativos e o máximo de liberdade natural não se mudam todos em um único golpe, mas por graus, ao longo do tempo[2].

Questionamentos éticos sobre a relação humana com a biodiversidade, há tempos são inseridos nas sociedades. Darwin[3] já afirmava que não há diferença fundamental entre o homem e os animais mais superiores do reino, no que diz respeito às suas faculdades mentais.

Trazer questionamentos sobre a interação entre humanos e os outros animais ao longo do tempo, significa ampliar as possibilidades de compreensão da própria espécie humana na interação com o mundo.

Ao longo do tempo, várias são as mudanças nas relações humanas com os outros animais. No início, essas relações eram básicas, movidas pelo instinto de sobrevivência; porém, após um período impreciso, houve a introdução do contexto de "alma e espírito" pelos humanos. Por conseguinte, os outros animais são perseguidos ou protegidos por motivos místicos.

Além do misticismo, surgiram as crenças ou religiões. Cada uma delas possui relacionamentos peculiares com os outros animais. Na concepção ocidental do cristianismo, Deus é colocado no centro do universo e a ética é limitada aos ensinamentos da igreja cristã (Teocentrismo). A ideia teocêntrica parte da visão medieval e surge da tradição bíblica, baseada na tradição cristã, na qual a natureza é apreendida no âmbito da criação[4].

Chegando ao século XVII, na Idade Moderna, as descobertas da ciência tornam o discurso religioso menos favorecido quando o humano se coloca no centro do universo e a ética é relacionada ao benefício humano (Antropocentrismo).

Na Idade Contemporânea, a ética deixa de ser limitada ao benefício humano e abraça toda a biodiversidade terrestre, principalmente aos seres que possuem a capacidade de sentir e ter consciência (seres sencientes).

Nesse sentido, este livro tem como finalidade reconhecer a importância histórica das relações humanas com outros animais e também com o meio ambiente, apresentando relações prejudiciais aos outros animais e buscando a compreensão na existência de crueldades, sendo, pois, a maioria imperceptível numa visão antropocêntrica, uma vez que se tornaram aceitáveis socialmente e protegidas por meio de mitos, crenças, tradições, leis e regras.

Capítulo 1 - Pré-história

• *Se os predadores bem alimentados vagassem matando todas as presas disponíveis, simplesmente porque são mais fortes e rápidos o suficiente para fazê-lo, suas vítimas se extinguiriam rapidamente. O mesmo acontecendo com os próprios predadores[5].*

1.1 - Relações Naturais

As Relações Naturais são interações humanas com os outros animais nas formas primitivas, utilizadas na intenção de sobrevivência. Com o aumento populacional humano e a imposição de padrões da modernidade eurocêntrica, o humano cada vez mais impossibilita que outras espécies coexistam no planeta.

Estudos sobre a convivência de comunidades tradicionais com a natureza revelam o uso de sistemas sustentáveis de manejo dos recursos naturais, ou seja, sistemas com exploração adequada à capacidade de recuperação das espécies de animais e plantas, respeitando os ciclos naturais[6]. Entretanto, o sistema moderno eurocêntrico imposto retirou a possibilidade de escolha ou troca de valores sociais e ambientais com os povos ameríndios.

A pecuária e as monoculturas trazidas á América do velho mundo transformam a biodiversidade em homogeneidade, o coletivo em individualismo. A liberdade fica condicionada à quantidade de dinheiro, a ciência e a tecnologia ficam limitadas ao benefício humano e disponíveis quando rentáveis financeiramente. A modernidade está pautada, principalmente no individualismo, na venda da força de trabalho para o acúmulo de capital e pela expansão da grande propriedade privada[6].

A capacidade de muitos animais de equilibrar suas espécies com a natureza deveria ser aprendida como regra à sobrevivência humana, uma vez que o mundo globalizado está levando nossos recursos naturais à extinção por culpa do antropocentrismo e especismo[5].

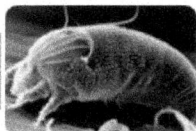

1.2 - O que é vida?

Na defesa dos outros animais, é comum algumas pessoas justificarem a ação de explorar e consumi-los pelo fato de serem "seres vivos", iguais às plantas, ou seja, matar uma alface (que é vida) é a mesma coisa que matar um carneiro (que é vida também). Se colocar humanos no lugar dos outros animais, começa a complicar a lógica do argumento.

Há algumas definições sobre o que é vida e, todavia, a definição tratada aqui é aquela do critério da existência de material genético obrigatório, capaz de reprodução, ou seja, uma bactéria, uma célula, um vírus, uma célula germinativa. Também são vidas um conjunto de células que formam tecidos, que formam órgãos e organismos mais complexos, um inseto, peixes, plantas, galinhas, bois, macacos, humanos.

Os seres que possuem material genético com capacidade de reprodução são vidas. Há matéria que não possui material genético, logo não possuem vida e, portanto, são inanimados, exemplos: as pedras, água, luz, terra, ar. E, por último, os seres com vida e com capacidades de sentir e de ter consciência, ou seja, seres com vida sencientes (animais com sistema nervoso e cérebro).

Segue abaixo, a classificação resumida:

✓ **Seres vivos não sencientes:** planta, fungos, bactérias, protozoários, células.
✓ **Seres vivos sencientes:** animais com estados mentais.
✓ **Inanimados:** sem vida, sem material genético.

Numa perspectiva biocêntrica, todos os três grupos devem ser tratados com respeito, pois vivem em simbiose (um grupo depende do outro). As plantas precisam dos animais e os animais precisam das plantas, pois ambos precisam de microrganismos e de material inanimado (água, minerais, terra).

Uma pedra não é um ser vivo e muito menos senciente. A pedra não tem o interesse de ser ou não chutada, simplesmente pelo fato de ela não sofrer[7]. As plantas não são capazes de sentir e ter consciência, pois a dor e a consciência são estados mentais; logo, os seres que não possuem mente, ou seja, não possuem cérebro e sistema nervoso, não são sencientes[8].

O limite da senciência é a fronteira diferencial de uma maior preocupação pelo interesse alheio. A capacidade de sofrer e de sentir prazer é vital, além de um pré-requisito para um ser ter interesse e, portanto, a igualdade de consideração deve existir independente da espécie[7, 8].

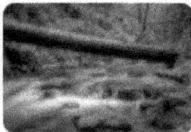

1.3 - Natureza e Meio ambiente

É comum usar os termos corriqueiramente, mas poucos verificam com maior profundidade, pois há uma ampla definição.

A natureza pode ser considerada algo abstrato e pensada a partir de relações sociais, não existindo uma natureza em si, apenas uma ideia. O significado de natureza pode variar ao longo do tempo e não é, necessariamente, o mesmo para diferentes grupos sociais da mesma época[9].

A natureza pode ser também as contruções artificiais da humanidade ou até envolver o sobrenatural (a natureza dos espíritos). Há quem diga que a realidade não vem da mente humana e sim dos relacionamentos entre o social/natural e a cultura sendo a continuação da natureza, tornando a relação homem natureza, além dos fenômenos naturais[6].

O ambiente é a natureza conhecida pelo sistema social humano; é a soma de todos os meio ambiente (dos humanos e das demais espécies).

O meio ambiente é o meio em que uma espécie vive. O meio ambiente envolve todos os seres vivos e inanimados que ocorrem na Terra ou em alguma região dela.

1.4 - Origem da dieta humana

E sobre a origem da dieta humana? Afinal humanos são onívoros (seres que consomem plantas e animais), carnívoros (seres que consomem carnes) ou herbívoros (seres que consomem plantas)?

Depende do ponto da linha do tempo, que é definida como origem. Por exemplo, na Pré-História, do homem primitivo, da "época das cavernas", eram coletores e caçadores. Dá para concluir a origem onívora.

E se for mais longe ao passado? Para as pessoas que acreditam na teoria da evolução, a origem da dieta pode partir de um período em que a espécie humana não tinha a forma estética atual. Animais arborícolas, seres que viviam em cima das árvores, alimentando-se principalmente de vegetais. Logo, a origem da dieta pode ser a base de vegetais.

E, se for mais adiante, no passado? Répteis, anfíbios, animais marinhos, microrganismos pluricelulares e unicelulares? Logo, torna impreciso saber "a origem da dieta", pois, certamente, nos processos evolutivos, vários foram os tipos de dieta.

1.5 - Relações Interespecíficas

Na escola, na maioria das vezes, as relações entre espécies diferentes são classificadas da seguinte maneira.

Relações interespecíficas harmônicas:
✓ Mutualismo ou simbiose: indivíduos de espécies diferentes que se encontram intimamente associados, criando vínculo de dependência. Exemplo: bactérias que convivem no organismo humano.
✓ Protocooperação: indivíduos que cooperam entre si, mas não são dependentes um do outro para sobreviverem.
✓ Comensalismo: relação na qual apenas uma espécie se beneficia, mas sem causar prejuízos à outra.

Relações interespecíficas desarmônicas:
✓ Amensalismo: a espécie inibe o desenvolvimento de outra.
✓ Predatismo: o indivíduo mata outro para se alimentar.
✓ Parasitismo: o parasita retira nutrientes do corpo do hospedeiro para garantir a sua sobrevivência, debilitando-o.
✓ Competição: disputa por recursos (território, presas etc.)[10].

CAPITULO 2 – IDADE ANTIGA
Misticismo – Relações Místicas

- Relações de perseguição e proteção, como o endeusamento de animais, fez surgir o termo misticismo. Misticismo é, resumidamente, um contato direto com uma força divina sem necessariamente ter que passar pela complexidade de uma religião. As provas dessas relações são encontradas em pinturas em cavernas, nos totens de animais e lugares sagrados com estátuas e monumentos de Deuses animalizados.

Nas relações humanas com os outros animais, não pode ser descartadas as relações sobrenaturais com ênfase nas consequências. A condição de existência da alma e espírito pode ser verdadeira para alguns e falsa para outros. O fato de acreditarem gera consequências, sendo algumas delas positivas (proteção) e outras prejudiciais (perseguição). Alguns animais podem ser considerados sagrados, mensageiros de deuses, ou até o próprio Deus.

Não é objetivo aqui definir "se existe alma ou espírito" e, sim, focar nas consequências causadas por aqueles que acreditam interferindo na realidade. Com a introdução humana, sobre o conceito de "alma e espírito", surge uma ruptura das relações naturais, a primeira quebra de um contrato natural com os outros animais[5].

Para compreender a peculiaridade humana referida, é necessário compreender o conceito de misticismo. Segue abaixo, a definição do Dicionário Teológico Brasileiro.

> [...] o misticismo é um termo básico grego mustes, ou seja, "iniciados nos mistérios", cuja origem é o vocábulo grego musterion, que significa "mistério", "rito secreto" ou "doutrina secreta". [...] é o método de aproximar-se de Deus, que é transcendental, negando o mundo, com sua linguagem e características. Ou ainda pode ser definido como o conjunto de normas e práticas que têm por objetivo alcançar uma comunhão direta com Deus[2]. Daí advém a grande problemática que envolve o Misticismo: os místicos podem ser induzidos a abandonar a Bíblia e se valer apenas de suas "experiências". [...] No Neo-pentecostalismo, as figuras, os objetos e os símbolos se transformam em

---

[2] Nota do autor: Deus entendido como uma força divina, ou como "algo" que é conferido poderes. Não sendo vinculado necessariamente ao Deus cristão.

> *amuletos, em imitação das práticas pagãs. Assim, adotam-se costumes [...], tais como: fitinhas no braço; medalhinhas de símbolos bíblicos; unção de portas, janelas carros; cerca de sal ao redor da casa para impedir a entrada de maus espíritos; água abençoada [...][11].*

Muitos são os exemplos das relações místicas, relacionados às plantas, objetos e animais, como segue abaixo relatos de entrevistados, conforme a publicação de Barbosa[12] et. al.

> *[...] eu acredito muito é no problema do chinelo, não deixo o chinelo virado, eu tenho medo disso... passar embaixo de escada eu também não passo, e não gosto de ver gato preto. (Entrevistado 08), [...] não faz mal não, aquele negócio que pé de coelho dá sorte, desde que você faça com moderação, você ter um anjinho da guarda, você ter uma bruxinha que tá na moda, a pedrinha que está na moda também, eu tenho aqui na minha sala. (Entrevistado 22)*

Quando um animal é elevado ao sagrado, a perseguição humana pode ser cessada por representar um "mau agouro" (matar o sagrado), dando lugar à proteção. Os animais sagrados também podem ser perseguidos para utilização em rituais, uso de partes do corpo como amuletos e alimentos milagrosos[5,13]. Por outro lado, alguns animais foram "amaldiçoados" e perseguidos em rituais ao serem associados a alguma desgraça ou pelo fato de serem considerados deuses de outras crenças. Com isso, a quantidade de indivíduos de uma espécie pode variar dentro de uma região.

Pode diminuir com a perseguição (migração e extinção) ou aumentar com a proteção, ou seja, pode ocorrer um desequilíbrio ecológico. O uso da fauna vem se perpetuando ao longo da história da humanidade e nas sociedades contemporâneas. Os animais silvestres vêm sendo utilizados para diversas finalidades, desde alimentação, atividades culturais, comércio de animais vivos, partes deles ou subprodutos usados como vestuário, ferramentas e para uso medicinal e mágico-religioso[14].

Figura 3 Hórus

São encontradas no Egito várias evidências de Deuses animalizados, alguns com a forma inteira de animais não humanos ou híbridos (humano + animal não humano). Anúbis (Chacal), Bestat (Gato), Sekhme (Leoa), da América, dos povos ameríndios, o Anhangá (Veado).

A concepção da existência de alma em outros animais pode ser verificada a partir dos povos antigos do novo mundo. Os ameríndios acreditavam ou acreditam que todos os humanos e os outros animais fazem uso de uma alma, ou melhor, a alma faz uso do corpo, sendo este visto como uma roupa, que é despida após a morte[15]. A visão desses povos é contrária à visão do velho mundo cristão e, todavia, logo ocorreu um grande choque cultural quando os europeus invadiram a América. Segundo Viveiros[15], na perspectiva de muitos povos ameríndios, os espíritos fazem parte da realidade, como segue abaixo:

> *Tipicamente, os humanos, em condições normais, vêem os humanos como humanos, os animais como animais e os espíritos (se os vêem) como espíritos; já os animais (predadores) e os espíritos vêem os humanos como animais (de presa), ao passo que os animais (de presa) vêem os humanos como espíritos ou como animais (predadores). [...] Em suma, os animais são gente, ou se veem como pessoas.*

No período de invasão das Américas pelos europeus, houve um conflito de culturas: de um lado uma cultura que não acreditava que os animais possuíam alma e, do outro, culturas que acreditavam na existência de alma nos outros animais. Para os europeus cristãos, os povos do novo mundo eram considerados primeiramente selvagens (o ser que vive na selva) e, o fato de a igreja pregar a não existência de alma nos outros animais colaborava de se considerar os índios sem alma. O fato de apresentarem os ameríndios não humanos (selvagens), sem alma, levava a se eximirem da culpa, caso os tratassem com tirania e crueldade.

Para muitos ameríndios, os povos do novo mundo possuíam almas, com certeza, pois suas crenças diziam (e dizem) que a alma existe em todos os seres. A dúvida dos Ameríndios era: "Será que aquelas almas possuem corpos?".

Ao passar do tempo, "os selvagens" foram considerados "primitivos", uma classificação já humana. E as almas que vieram do outro lado do oceano tornaram-se "homens brancos".

Os homens brancos europeus roubaram as terras dos ameríndios, massacraram os donos delas e criaram o cartório para determinar a propriedade privada como algo sagrado e inviolável. O papa, como vigário de Deus, comandava o mundo e considerava o mundo como sua propriedade[16].

A Bula Papal, a carta de Colombo e as patentes concedidas pelos monarcas europeus eram os fundamentos jurídicos e morais da colonização e do extermínio dos povos não europeus[16]. A população ameríndia declinou de 72 milhões, no ano de 1492, para menos de 4 milhões, poucos séculos mais tarde[16]. Foi um holocausto superior ao holocausto nazista, e os responsáveis são os colonialistas, principalmente cristãos europeus, não de um passado muito distante, apenas de algumas gerações (tetravôs). Porém, isso faz parte das relações humanas com humanos, não sendo, pois, o tema deste livro.

2.1 - O Centro das Atenções

Os outros animais eram o centro das atenções e, na maioria das vezes, o tema das danças, dos rituais, das pinturas, o centro dos mitos, das histórias e das lendas era, muitas vezes, transmitido através das pantomimas[3].

As manifestações também eram necessárias para controlá-los em vida ou na morte para acalmarem seus espíritos. Alguns animais alcançavam o título máximo das crenças (o próprio Deus); outros eram considerados mensageiros de Deuses, alma gêmea e/ou portadores dos espíritos de ancestrais da tribo. Recebiam o respeito, a proteção e a veneração.

---

[3] *Ação de representar uma história utilizando somente gestos e/ou expressões faciais. Geralmente no teatro ou na dança.*

Entretanto, outros eram amaldiçoados, perseguidos e utilizados em rituais; tudo conforme os caprichos da mente humana[5].

As pinturas nas cavernas seguiam a mesma direção, possuíam como tema principal a vida dos outros animais. As pinturas eram feitas por vários propósitos: rituais místicos, representações da vida cotidiana, contemplação, homenagens supersticiosas. Muitas vezes, as pinturas nas cavernas não representavam apenas uma decoração, mas, sim, consideradas vivas, uma nova morada às almas de animais pós-morte. Os animais de grande porte, ao serem abatidos, necessitavam de apaziguamento de seu espírito e, dessa forma, muitos rituais e pinturas tinham esse objetivo[5].

Os animais representavam as forças do bem ou do mal inspirando temor, força, imortalidade, virilidade, proteção, saúde, paz, longevidade, vida eterna etc.

Figura 4 Deusa Bastet

No Egito, a Deusa Sekhme (Leoa) tornou-se uma forma mais amena, a Bastet[4] (gato doméstico). Os gatos eram os predadores das pragas nos galpões em que armazenavam alimentos. O escaravelho (representado no peito da Deusa Bastet) revirava a terra, tornando-a mais fértil. Bastet era também considerada protetora das mulheres, da maternidade, da cura e dos gatos e, como guardiã das casas, era vista como feroz defensora de seus filhos, representando o amor maternal. Os gatos eram reverenciados no Egito, ao ponto de encontrarem tumbas com centenas de gatos mumificados[5].

Com as encenações nas danças e rituais, as pessoas colocavam máscaras para representar determinados animais. O corpo humano e cabeça de outro animal ou vice-versa. Com isso, provavelmente, começaram a surgir as representações híbridas de Deuses (corpo humano e cabeça de outros animais).

Figura 5 Luxor Templo de Karnak

O Templo de Karnak possui um caminho amplo com várias esfinges híbridas, o corpo de leão e a cabeça de carneiro. O leão significa a força e, o carneiro, a sexualidade. A ferocidade, a força e a vitalidade, observadas nos outros

[4] *Deusa Bastet: http://albertis-window.com/2013/08/cats-in-ancient-egyptian-art/*

animais, podiam facilmente torná-los representantes defensores, quais, ao lado do rei, protegiam-se das pestes e dos espíritos malignos[5].

Um exemplo brasileiro é o Anhangá (veado branco) que, da mesma forma, é considerado protetor dos animais e, segundo consta, ele costuma perseguir quem mata filhotes ou fêmeas que estão amamentando. Aqueles que praticam a caça destrutiva também são vítimas dele. Pode assumir nomes e formas físicas diferentes. Faz parte do tronco linguístico Tupi-Guarani[17].

Figura 6 Anhangá[17]

2.2 - Totens

Os totens são representações concretizadas de animais que obtiveram o título de almas irmãs[5]. Para uma criatura tornar-se totem haveria de despertar nas tribos, ou nos chefes das tribos, uma determinada admiração por uma ou mais características ligada a uma necessidade específica da tribo.

Por exemplo, as tribos que preferiam, como característica, a fertilidade, escolhiam animais com grande capacidade de aumentar o número de descendentes; porquanto, o desejo de vencer batalhas ou defender a tribo dos inimigos remete a animais com maior força. Caso desejasse vencer a morte, um animal que trocasse de pele e ressurgisse com uma aparência nova seria um bom candidato.

Quando elevado a Totem, o animal era protegido, não mais caçado. Matá-lo era tabu e mau agouro. Havia a crença de que os antepassados das tribos viviam nos Totens, nas formas em que os animais representavam. A admiração arquitetônica dos totens e estátuas de animais estava em segundo plano, o motivo principal estaria em adorá-los. O monumento era vivo e eles o consideravam capaz de transmitir o que a imaginação humana determinasse. Por exemplo, quando alguém caminhava por um corredor em que estavam as estátuas de leões, acreditavam que a força e a ferocidade dos leões seriam transmitidas à pessoa e, todavia, acreditavam que, com isso, alterava-se a disposição da pessoa[5]. Isso, contudo, assemelha-se quando as pessoas vão à missa, ou orarem numa igreja, adorarem a estátua de Jesus crucificado, acreditando saírem desse local com a disposição alterada (mais calmas, serenas, em paz).

No Egito, ao longo do rio Nilo, existiam várias tribos com seus totens específicos: crocodilos, gatos, carneiros, falcões, leões. Quando havia competições entre as tribos, os totens de animais dos vencidos eram destruídos e muitas vezes, os animais representados tornavam-se perseguidos. Então, o totem da tribo vencedora tomava o lugar, tornando-se uma tribo Supratribal[5].

CAPÍTULO 3 – IDADE MÉDIA
Teocentrismo – Relações Teocêntricas

- Partindo de uma visão ocidental, com ênfase no cristianismo, a moral e a ética eram limitadas aos dogmas da igreja católica, teocentrismo. O conceito de alma nos outros animais não era permitido no cristianismo, pois eram vistos como seres inferiores, brutos, criados por Deus para servirem às necessidades humanas, eliminando, assim, a culpa nas relações prejudiciais com os outros animais; consequentemente, era inadmissível que os animais (não humanos) ocupassem o lugar de divindade.

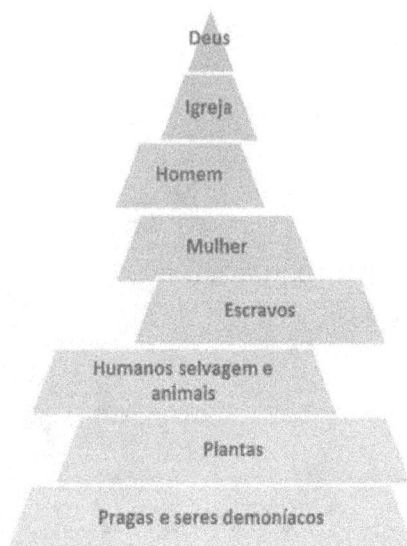

Figura 7 Visão de mundo cristão da Idade Média. Elaborado pelo autor

A formação da palavra **teocentrismo** é de origem grega, Theos = Teo (Deus) + kentron = centro. Deus centro do universo.

No teocentrismo, alguns deuses adquirem totalmente a forma humana e a razão é subordinada aos dogmas da religião. Tudo que existe no mundo e toda a ação humana é explicada e preconizada pela religião. Até os naturalistas e estudiosos relacionam suas descobertas às teorias religiosas.

A visão cristã determinou "crenças religiosas" para todos os credos anteriores à data do nascimento de Jesus Cristo, numa clara tentativa de inferiorizar outras religiões.

Segundo Luiz[18], existiam, antes da data do nascimento de Jesus Cristo, as seguintes religiões:

- ✓ Tradicionais Africanas, dos Ameríndios (Índios das Américas).
- ✓ Hinduísmo (pelo menos 3500 a.C.).
- ✓ Budismo (por volta século VI a.C.).
- ✓ Confucionismo (por volta do século V a.C).
- ✓ Xintoísmo (por volta do século VI a.C.).
- ✓ Taoísmo (século V a.C.).
- ✓ Judaísmo (século XV a.C. outras fontes remetem a mais de 4000 a.C).
- ✓ Paganismo greco-romano (século III a.C).
- ✓ Religião egípcia (aproximadamente 3.000 anos a.C).
- ✓ Jainismo (Século VI a.C) e várias outras.

Com o passar do tempo, o cristianismo teve que se adaptar e reconhecer a existência de outras religiões, pois o próprio cristianismo resultou em uma grande variedade de seguimentos. Existem 33.830 mil subdivisões do cristianismo, denominações cristãs encontradas na edição de 2001, da *World Christian Encyclopedia*[18]. Para cada religião ou seguimento do cristianismo existem peculiaridades nas relações humanas com os outros animais, pois cada uma segue determinadas interpretações. Por esse motivo, optou-se em dar ênfase ao cristianismo romano clássico para representar a Idade Média e suas relações teocêntricas com os outros animais.

Figura 8 Arca de Noé

No cristianismo clássico, as interpretações de que os animais nasceram para servir aos caprichos humanos foi a mais aceita e praticada. Um favorecimento injusto aos humanos, trazendo prejuízo aos outros animais.

Na tradição clássica cristã, somente os humanos possuem a condição de possuir alma, logo os outros animais são vistos como se fossem pedras ou plantas. O reconhecimento da existência de alma nos outros animais é recente, algumas subdivisões do cristianismo (adventistas) recomendam o não consumo de alimentos animalizados.

A Bíblia, o livro sagrado dos cristãos, faz referências de como deve ser o relacionamento com os animais não humanos, remetendo a várias interpretações, sendo algumas relações benéficas e outras prejudiciais, como demonstra a tabela 1:

Interpretações benéficas	Interpretações prejudiciais
Não matarás. (ÊXODO:13)	Vocês farão separação entre o impuro e o puro, entre os animais que podem ser comidos e os que não podem (LEVÍTICO, 11)
Deus cuida dos animais (1 JOÃO 4:16).	Disse o SENHOR: —Farei desaparecer da face da terra o homem que criei, os homens e também os grandes animais e os pequenos e as aves do céu. Arrependo-me de havê-los feito ‖ . (GÊNESIS:6)
Estatuto perpétuo é pelas vossas gerações, em todas as vossas habitações: nenhuma gordura nem sangue algum comereis. (LEVÍTICO 3:17)	Respondeu-lhe o SENHOR: —Traga-me uma novilha, uma cabra e um carneiro, todos com três anos de vida, e também uma rolinha e um pombinho ‖ . Abrão trouxe todos esses animais, cortou-os ao meio e colocou cada metade em frente à outra; as aves, porém, ele não cortou. (GÊNESIS:15)

6. O lobo conviverá com o cordeiro e o leopardo repousará junto ao cabrito. O bezerro, o leão e o novilho gordo se alimentarão juntos pelo campo; e uma criança os guiará. 7. A vaca e o urso pastarão juntos, seus filhotes dormirão lado a lado e o leão comerá palha como o boi. Isaías 11:6-7	O animal da oferta pela culpa será morto no local onde são sacrificados os holocaustos, e seu sangue será derramado nos lados do altar. Toda a sua gordura será oferecida: a parte gorda da cauda e a gordura que cobre as vísceras, os dois rins com a gordura que os cobre e que está perto dos lombos, e o lóbulo do fígado, que será removido juntamente com os rins. (LEVÍTICO:7)

Tabela 1 - Referências aos animais não humanos, segundo a Bíblia Cristã. Elaborado pelo autor

Em sua obra, Morris[5], cita duas passagens da bíblia.

> *"Deus todo poderoso ordena multiplicar-se e subjugai a Terra, mantendo o domínio sobre os outros seres vivos Eclesiastes 19:21"* e *"Deus diz a Noé em Gêneses: O medo de ti e a reverência por ti estarão presentes em todos os animais (...) em tuas mãos estão entregues".*

Com base na primeira passagem, ao caracterizar os animais como "sem alma", automaticamente ridiculariza as crenças que os consideram ao estágio de mensageiros de Deus, portadores de espíritos e Deuses. O fato de classificá-los sem alma, faz com que acabe a "culpa", logo matá-los por motivos fúteis, obtém algum sentido. A espécie humana é colocada acima de todas as criaturas da Terra. Para os cristãos, dar consideração moral aos outros animais é, portanto, impensável e uma forma de inferiorização humana.

Na segunda passagem, é identificada a clara intenção de separar a espécie humana do reino animal, ou seja, não há parentesco com os outros animais e estamos acima deles. Os animais devem servir aos caprichos humanos. Não havia importância no modo de vida imposto aos animais e, muito menos, a maneira em que eram mortos.

É possível observar, nas interpretações acima, a falta de compaixão pelos outros animais, principalmente, àqueles que são utilizados como ingredientes e ao transporte de carga.

A bíblia é considerada, pela maioria, como um livro sobre "verdades absolutas e imutáveis": ora, caso seja desconsiderado algum conteúdo, ou seja, atualizada alguma informação, logo não se poderá afirmar mais que seja um livro sobre as "verdades absolutas" e nem tão diferente da ciência, à qual aceita atualização.

E caso outra religião predominasse no Brasil? As crenças ou religiosidades possuem relações diretas com o comportamento das sociedades e com o meio ambiente. Por exemplo, caso outra religião predominasse no Brasil, com maior ênfase ao meio ambiente e aos outros animais, provavelmente, haveria um ecossistema mais conservado.

Nas comunidades indígenas existem influências das antigas crenças, sendo possível verificar a conservação da biodiversidade. Caso tivesse emergido, sem a influência do cristianismo, haveria profundas mudanças na sociedade e no modo de relacionar com os outros animais e o meio ambiente.

Ligadas às festas religiosas cristãs, e em nome da "tradição", a "Farra do Boi", os rodeios e as touradas são exemplos de crueldades aos animais. Na Espanha, por exemplo, existem festas em que permitem aos homens colocarem fogo em chifres de touros, um evento em que é oferecido ao Santo Antônio. No entanto, eventos com crueldade aos animais, estão perdendo público e sendo, obviamente, proibidos.

Figura 9 http://www.anda.jor.br

No Brasil, a "Farra do Boi", realizada na Páscoa, foi proibida desde o ano de 1997. Seguindo o mesmo caminho, estão os rodeios e vaquejadas.

3.1 - Animais em Circos

É uma forma utilizada para demonstrar superioridade e dominação. Antes de entrarem no picadeiro, os outros animais passaram por um histórico de humilhação e tortura. É importante ter o conhecimento de que uma simples dominação ou confinamento imposto a um animal, na maioria das vezes, não é distinguível de uma tentativa de predação. O mesmo terror é sentido, pois, a maioria dos animais não possui a capacidade de discernimento da situação[7].

Para distanciar a condição natural animal humana, os outros animais foram caracterizados como imitações ridículas da espécie humana. Um dos mais explorados em circos foram os macacos, pelo fato de terem a aparência próxima à humana, sendo fantasiados e obrigados a tocar instrumentos, fazer malabarismos, montar em cavalos, ou seja, tentativas fracassadas de se tornarem humanos, estabelecendo, desse modo, a nossa superioridade. Quanto aos outros animais, que possuem alguma habilidade melhor que as humanas, logo mudam as regras do jogo, em favorecimento aos humanos[5].

3.2 - Animais em Arenas

A construção do Coliseu de Roma foi iniciada no ano 72 d.C. e durou 8 anos. Durante os festejos de sua inauguração, que duraram 100 dias, mais de 5000 mil animais foram mortos. Apenas em 400 d.C. é que as lutas de gladiadores foram proibidas e, todavia, percebe-se que, durante os séculos em que ocorreram essa prática, a quantidade de animais abatidos ao entretenimento humano tornara-se incalculável. A matança era tanta, que muitas vezes, o chão da arena ficava vermelho de sangue. Por conseguinte, os animais das regiões próximas começaram a desaparecer.

Para a apresentação era montada uma representação do habitat natural dos animais. As apresentações iniciavam com pessoas soltas na arena para serem mortas por animais famintos. No sentido de variar as apresentações, colocavam animais para lutarem até a morte entre si e depois contra guerreiros caçadores que usavam armaduras para se defenderem. Eram utilizados elefantes, leões, leopardos, tigres, lebres, porcos, touros, ursos, javalis, rinocerontes, búfalos, bisontes, avestruzes, camelos, crocodilos etc[5].

Figura 10 Coliseu de Roma, Interior

Ao passar do tempo, as arenas foram substituídas por estádios para a prática e observação de esportes, apesar de ainda existir arenas destinadas às tradições negativas, como vaquejada, rodeio, hipismo e touradas.

No Brasil, em outubro de 2016, finalizou-se o julgamento sobre ação direta de inconstitucionalidade (ADI) n°4983, contra lei que regulamentava a vaquejada no Ceará[19, 20.]

Em seu voto, o ministro Ricardo Lewandowski faz uma interpretação biocêntrica e ressalta que os animais não podem ser tratados como "coisas", citando a Carta da Terra, declaração de princípios éticos fundamentais para a construção de uma sociedade justa, sustentável e pacífica[21].

Para a ministra Carmem Lúcia, presidente do Supremo Tribunal Federal, sempre haverá os que defendem a tradição como algo que vem de longo tempo. Mas a cultura se muda, e muitas foram levadas em direção a essa condição, até que houvesse outro modo de ver a vida, não somente sob a perspectiva do ser humano[21].

Em novembro do mesmo ano, setores escusos aos direitos dos animais (patrocinadores da maioria dos deputados), pressionaram os deputados a realizar às pressas uma emenda constitucional para acrescentar algo contra aos animais ao parágrafo § 4º ao art. 215 na Constituição Federal. A intenção seria em preservar os rodeios, as vaquejadas como expressões artísticas culturais decorrentes, todos como patrimônio cultural e imaterial brasileiro, assegurando sua prática como modalidade esportiva, na forma da Lei[22].

Os senadores aprovaram o projeto de lei da Câmara (PLC 24/2016), que atribui à vaquejada, ao rodeio e às expressões artísticos culturais similares ao status de manifestações da cultura nacional e os eleva à condição de patrimônio cultural material do Brasil e, posteriormente, teve a sansão positiva pelo presidente[23].

Figura 11 http://www.bahianoticias.com.br/justica/noticia/52691-justica-proibe-vaquejada-no-distrito-federal-por-maus-tratos-aos-animais.html

Em ofício, do Instituto do Patrimônio Histórico e Artístico Nacional - IPHAN, encaminhado ao presidente do senado, foi comunicado a recusa quanto ao reconhecimento da vaquejada, do rodeio e suas respectivas atividades como "Patrimônio Histórico Cultural Imaterial", pelo fato de não atender aos princípios e procedimentos da política de patrimônio imaterial. Apesar da sanção da PLC 24, pelo presidente, o IPHAN ressalta que é função exclusiva do órgão reconhecer o que é ou não patrimônio cultural, tornando nulo e inconstitucional todo o processo[24,25].

O exemplo acima é uma das respostas da pergunta/problema realizada no resumo: Estamos na Idade Contemporânea, será que nossas ações, em relação aos outros animais, correspondem ao nosso tempo?

Pelo visto, ainda não, porque a mentalidade de muitas pessoas coloca o prazer e o dinheiro à frente dos direitos e da dignidade intrínseca dos outros animais.

Esporte é uma atividade da razão de viver humana, no qual todos os envolvidos (humanos) devem possuir a capacidade de compreender as regras do jogo e comunicar seu consentimento. O uso de outros animais em qualquer competição, não é esporte, pois não há garantias de consentimento e da capacidade de compreensão das regras estabelecidas, ou seja, um animal não humano envolvido em uma competição, não é esporte, é exploração e maus-tratos.

Os esportes nas arenas, apresentações musicais, teatro, dança, sem a utilização de animais, podem ser considerados como substitutos das crueldades ocorridas nas arenas do passado.

As sociedades precisam ficar em alerta, pois algumas tradições negativas do passado tentam a todo custo retornar seus dias de dor, sofrimento e sadismo. As touradas, rodeios, vaquejadas, hipismo, corridas de cavalo vêm perdendo público ao passar dos anos. Cada vez mais, as pessoas compreendem o fato de não fazer sentido, a utilização dos outros animais ao entretenimento humano.

3.3 - Zoológicos

Os zoológicos prosperaram no teocentrismo, a partir da aceitação da superioridade humana, em relação aos outros animais (especismo). Nos zoológicos, humanos também eram expostos. Determinados grupos de humanos se achavam superiores em relação a outros grupos de humanos (racismo). Desde a criação e, até hoje, os zoológicos são criações humanas negativas, verdadeiras prisões destinadas principalmente ao entretenimento humano.

Circos com animais, aquários e zoológicos não podem ser considerados cultura, pois cultura é algo que nos remete a uma ação de positividade da sociedade, pela qual engrandece e evolui a humanidade. Explorar animais para o entretenimento humano não é cultura, e sim, uma tradição negativa.

Os animais em zoológicos são verdadeiros embaixadores infelizes de suas espécies, apresentados como objetos em vitrines[5].

Os primeiros zoológicos eram verdadeiros espetáculos de aberrações, incluindo até humanos anões, corcundas, aleijados e humanos de continentes afastados. O maior zoológico foi descoberto por espanhóis no antigo império asteca de Montezuma, no qual mais de 500 perus eram mortos diariamente para sua manutenção. No século XIII, no extremo oriente, no reinado de Kublai Khan, os zoológicos serviam como anexo para as caçadas[5].

Na Europa, os zoológicos serviam para suporte aos grandes massacres realizados nos anfiteatros. Era comum a realeza possuir aviários, tornando o comércio de aves exóticas lucrativo. Muitos pássaros morriam ao serem transportados e, também, no cativeiro, devido à alimentação inadequada[5].

No século XIX, a Sociedade Zoológica de Londres foi formada, mas não com o objetivo de estudar ou proteger os animais, pelo contrário, a meta seria explorá-los cada vez mais financeiramente, domesticando-os. A maioria das tentativas de domesticação de animais, para utilidade humana fracassou[5].

Após certo tempo, naturalistas começaram a estudar os animais nos zoológicos, mas logo ficaram impossibilitados, pois as acomodações modificavam o comportamento deles, deixando-os anormais. Alguns comiam excessivamente, chegando ao ponto de correr risco de morte, andavam de um lado para outro (criando sulcos ou valas no chão), comiam suas próprias fezes, rejeitavam qualquer alimentação, copulavam anormalmente com objetos ou com outras espécies. Gatos selvagens, por exemplo, tentavam cobrir as fezes na calçada, morriam de depressão, se autoflagelavam e apresentavam outros comportamentos, sendo estes incomuns em seu habitat natural.

Antes da televisão, a maioria das pessoas não conheciam os animais em seus habitats naturais e, isso, obviamente, foi um dos motivos pelos quais os zoológicos prosperaram no teocentrismo. Com a chegada da televisão em cores, no final da década de 60, foi apresentado às pessoas "o mundo natural dos animais" e, finalmente, chegou-se à conclusão de que os zoológicos estavam totalmente errados.

Na mesma linha dos zoológicos, estão os aquários grandes e pequenos, as pescas (esportivas e ecológicas) e as atrações com baleias e golfinhos (em grandes tanques).

Na maioria das vezes, os animais marinhos não emitem sons, os peixes não comovem às pessoas, mas não há como ignorar o fato de os peixes possuírem uma grande rede de terminações nervosas - sistema nervoso e cérebro.

Os zoológicos ainda resistem na Idade Contemporânea devido aos interesses financeiros e são sustentados, geralmente, por dois argumentos:

O primeiro: a proteção das espécies. Pelo contrário, estão levando à extinção, pois estão utilizando como solução para a destruição humana ao meio ambiente, o ato de aprisionar uma quantidade reduzida de animais em cativeiros. O resultado disso é uma drástica diminuição na variedade genética, impossibilitando recuperar determinadas espécies que, na maioria das vezes, precisam de uma quantidade elevada de indivíduos para sair da linha de extinção. Os esforços devem estar em direção à conservação do habitat natural dos animais e, se desejam visualizar, são as pessoas que devem estar confinadas, buscando interferir o mínimo possível em visitas coordenadas ao habitat natural dos animais. Não faz sentido retirar animais dos seus biomas naturais e levar para outros biomas e centros urbanos, são as pessoas que desejam conhecer os animais, que devem ir ao encontro deles, em reservas ambientais, com uma visitação restrita e educacional.

O segundo: educação e cultura às pessoas. Numa visita ao zoológico o que se aprende? É fácil constatar que a maioria dos animais está no habitat/biomas errados e presos. Os camelos e suas características talhadas há milhares de anos para o deserto, estão na mata atlântica, por exemplo. Caso o objetivo seja aprender sobre comportamentos anormais dos animais, como a depressão, tristeza, confinamento, sobre o antropocentrismo e maus-tratos aos outros animais, isso sim, pode ser ensinado nos zoológicos tradicionais.

Os zoológicos devem ser transformados em centros de recuperação de animais (sem visitação) e os animais sadios devem ser transferidos para lugares mais adequados e maiores, até que seja possível a transferência para seus habitats de origem.

O meio ambiente deve ser devolvido para a biodiversidade e a biodiversidade deve ser devolvida para seu habitat.

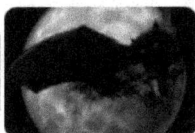

3.4 - Perseguição Cristã

Segue abaixo, alguns animais perseguidos no teocentrismo.

a) **Morcegos:** na idade média, os morcegos e as cobras foram perseguidos e considerados seres demoníacos de crenças pagãs. Até hoje, muitos adeptos do cristianismo relacionam os morcegos ao diabo e ao vampirismo. Diabos e morcegos confundiam-se e se associavam, havendo inclusive lendas que descreviam também o satanás sob o aspecto de um enorme morcego[26]. Apesar da fama, os morcegos ajudam no controle de insetos, pois são em sua maioria insetívoros e auxiliam também na polinização[27].

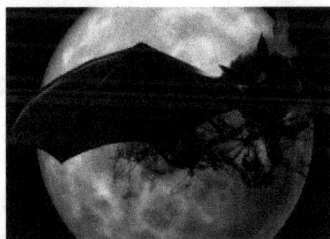

Figura 12 Morcegos representavam o diabo

b) **Cobra:** a cobra é odiada pelo cristianismo, é a própria personificação do demônio na Terra, e um dos motivos é a história do mito da Eva no paraíso, conforme está descrito na Bíblia.

Eva foi enganada por uma cobra mentirosa e falante, que a convenceu a comer o fruto proibido da árvore da verdade. Depois foi expulsa do paraíso, dando início à maldade na Terra.

Outro motivo, provavelmente, pode ser que em outras sociedades, as cobras exerciam um papel mais glorioso, pois elas eram representadas como o próprio Deus, o símbolo da imortalidade, da vida após a morte[5].

A cobra na mitologia Egípcia toma a forma da grande criadora e guardiã da Terra, dos espíritos do além, fertilidade e Deusa da água. As tumbas egípcias possuíam imagens e estátuas de cobras de variadas formas, como proteção das forças cósmicas. Também representavam o próprio Deus, por exemplo, o Deus serpente Sítio, que, em sua forma de cobra, aparece em sua fúria destruindo o mundo[5].

Ao passar do tempo, em outras religiões, as interpretações sobre as cobras tiveram transformações, como a Serpente do Mal, do jardim do Éden, conforme a lenda do livro de Gêneses. Apesar de as cobras serem animais assustados, retraídos, predadoras de ratos, pragas de fazendas e que atacam somente quando provocados, elas foram duramente perseguidas, acima de qualquer razão[5].

Em 1909, determinadas igrejas cristãs nos EUA possuíam o chão coberto de cobras para que as pessoas agarrassem com as mãos e as levantassem para o alto. As cobras eram desafiadas, enquanto a congregação cantava e dançava; todavia, alguns acidentes eram inevitáveis. Apesar de leis proibirem a prática, as leis não eram respeitadas, pois alegavam como "perseguição religiosa"[5].

Para a comunidade cristã, o contato com as cobras nada mais é que desafiar o próprio demônio, provando assim a sua fé.

As manifestações religiosas fazem com que as cobras percam seu valioso veneno, que serve para alimentação ao atacar as presas[5].

Infelizmente, desafiar um animal e derrotá-lo parece ter impregnado na mente de muitas pessoas. A jiboia é colocada em liberdade para ser capturada por seus manipuladores, que subjugam o animal em público. O encantamento das cobras, através da música, é questionado pelo simples fato da cobra ser surda. A naja é vítima, seus lábios são grudados para ficarem inofensivas. As najas recebem provocações intermináveis para que seu "dono" receba dinheiro com essa prática[5].

Figura 13 Deusa Tefnut

c) **Baleia:** as cobras eram a encarnação do demônio na Terra, nos mares; porquanto a baleia era outra espécie, considerada pelos cristãos, outra encarnação do demônio. Segundo consta, a boca da baleia era a entrada do inferno. As caças às baleias eram realizadas praticamente por baleeiros cristãos.[5]

Figura 14 http://www.baleiafranca.org.br/

c) Golfinhos e Botos: os golfinhos e os botos no Brasil foram protegidos devido a crenças que se, maltratá-los, consideravam um "mau agouro". Nas regiões ribeirinhas, no norte do Brasil, durante muito tempo, crenças e mitos locais sobre os golfinhos, peixes-boi, lontras e outros seres do rio ajudaram a protegê-los em relação à exploração humana[13].

d) Porcos: os porcos não eram fáceis de pastorar e dispersavam, ao contrário dos bovinos e ovelhas. Por isso, foram mantidos em currais, geralmente imundos. A alimentação recebida eram restos de comida (lavagem) e, como se não bastasse, seu nome virou adjetivo de sujidades. Nas festas de final de ano, não é recomendada, pela tradição cristã, o consumo de carne de porco devido ao receio de a vida não prosperar ou andar pra trás[5].

Há um risco de perder o sentido, a razão e a sensibilidade, quando os outros animais sencientes são tratados com fantasias humanas.

3.5 - Religiosidade e Espiritualidade

A religiosidade e a espiritualidade têm o dom em distanciar a nossa condição de animal dos outros animais. Na maioria das vezes colocam-se os humanos num pedestal de superioridade, diferente, evoluído, possuidor de alma e espírito, anjos... E os outros animais? Na maioria das vezes, os outros animais são de alguma forma inferiores e, se possuem alma, são "alminhas" não evoluídas. E o sentido da vida deles? Evoluírem e se tornarem a "beleza do ser humano". Será que os outros animais têm religiões?

Se as abelhas e as formigas fossem extintas, colocariam a vida na Terra em perigo. E se a humanidade fosse extinta? A biodiversidade iria aumentar, pois, certamente, a vida marinha e as florestas iriam regenerar. Isso, todavia, leva a crer que os humanos não são tão importantes e especiais.

Um simples capim faz fotossíntese; um cão tem faro e audição melhor que humanos ferramenteiros; porém, nenhum deles é superior, pois eles apenas possuem características diferentes.

Procurar a religiosidade e a espiritualidade para melhorar o seu "eu" interno, é interessante, mas tem um limite para não se tornar egoísta ou usar como desculpa ao desprezo pela dor alheia ou para não fazer nada aos sentimentos e injustiças externas. Distanciar a condição animal humana natural, baseadas em fantasias, fenômenos subjetivos e sobrenaturais, é uma forma de especismo.

CAPITULO 4 – IDADE MODERNA
Antropocentrismo – Relações Antropocêntricas

• *O humano, através da ciência, coloca a razão no próprio homem - antropocentrismo. Na Idade Moderna, o humano se eleva como dono da natureza e seu dominador. A natureza torna-se objeto de manipulação e é subjugada ao desenvolvimento*[4].

Com a descoberta de outros humanos, habitando o novo mundo e, após superar, também, a Teoria do Geocentrismo (Terra no centro do Universo) e muitas outras descobertas, foi dado início a um panorama desfavorável às verdades impostas pela religião cristã. A razão começa a deixar de ser vinculada aos dogmas da igreja. O centro do universo passa a ser a própria inteligência humana regida pela ciência (antropocentrismo).

A ética e a moral no antropocentrismo são limitadas aos benefícios humanos. A perspectiva de que os outros animais são criados por um Deus para servir aos humanos é alterada. Os outros animais são considerados, na Idade Moderna, recursos naturais para uso humano, não muito diferente, pois são considerados produtos, mercadorias, objetos, propriedades. Os recursos naturais (animais) continuam sendo utilizados ao entretenimento, em experiências científicas, no vestuário e como ingredientes à alimentação.

Com a libertação do pensamento teocêntrico, alguns laços de amizade retornam, como, por exemplo, a convivência e a amizade entre humanos e gatos. Algo considerado, na Idade Média, como um sinal de heresia, porque as bruxas eram representadas acompanhadas de gatos, ou, provavelmente, porque outras sociedades tinham os gatos como Deus.

Alguns animais, principalmente cães e gatos, passaram a compartilhar o interior dos lares, sem a obrigação de ter que "servir ou ser útil" aos humanos. São atribuídas principalmente aos cães e gatos determinadas atenções que antes eram somente autorizadas aos humanos.

4.1 - Antropocentrismo ecológico

No antropocentrismo, espécies em perigo de extinção ganham determinada proteção através da ecologia e também por leis da sociedade, porém a mesma espécie protegida, quando sua população é aumentada, pode ser considerada praga e pode ser exterminada, pelo mesmo conceito ecológico.

Muitas vezes, a própria ecologia extermina de forma cruel os outros animais, como, por exemplo, a liberação da caça. A ecologia antropocentrista possui segundas intenções, pois tem a visão de proteção "a grupos de animais", isso porque, a extinção de grupos de animais pode colocar em risco o meio ambiente e a vida humana.

A empatia ao sofrimento individual do espécime, na maioria das vezes, não é levada em consideração. A mesma espécie pode passar por vários estágios. Selvagem, estima, cobais para experiências científicas, pragas, de abate à alimentação.

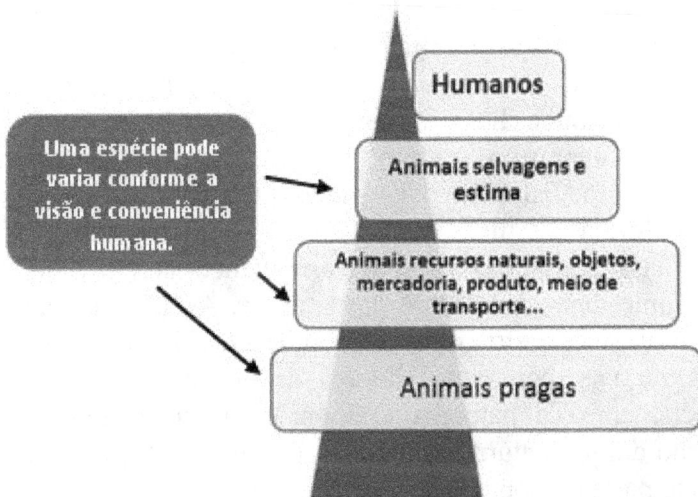

Figura 15 Ilustração do conceito Esquizofrenia Moral de Francione, em relação aos outros animais pela ecologia e sociedade. Elaborado pelo autor.

A classificação imposta por humanos aos outros animais determina o seu destino na Terra, diferenciando-se da visão biocêntrica, que considera simplesmente todos os animais com direito a coexistirem, pois o planeta também pertencem a eles (todos são terráqueos).

Quanto à confusão mental ao tratar de várias maneiras os outros animais, Francione[28] conceitua como Esquizofrenia Moral, o modo ilusório, enganado, confuso de pensar sobre os animais em termos sociais e morais, ou seja, alguns são membros da família, para receber amor, porquanto outros são jantar. É importante observar que Franscione não está sendo preconceituoso às pessoas com múltipla ou dupla personalidade.

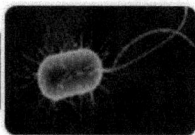

4.2 - Afastamento da natureza

Com a invenção do microscópio, foi descoberto um novo mundo de seres vivos partilhando o planeta. Muitos deles benéficos à saúde humana, inclusive vivendo em simbiose dentro do organismo; porém, a parte maléfica foi a mais destacada, principalmente pelas grandes mídias.

A forma alarmista dada sobre os microrganismos fez surgir, na maioria das pessoas, um pânico desenfreado. Por conseguinte, um afastamento da natureza. A visão da natureza como ambiente hostil, repleto de micróbios patogênicos e os outros animais, como incubadores de doenças, provocou um distanciamento da natureza e do próprio reconhecimento da condição animal natural humana da natureza. Isso, todavia, faz com que parte da população humana acaba criando uma aversão aos outros animais e aos ambientes naturais.

O afastamento da natureza por causa dos micróbios, insetos, aliada às novidades tecnológicas digitais, pode trazer um déficit de natureza. Alguns estudos já relacionam a falta de contato com a natureza, às doenças que podem afetar especialmente as crianças (hiperatividade, déficit de atenção, depressão e até pressão alta na infância). Uma patologia não reconhecida como condição psiquiátrica, porém diagnosticada, por abordagem transdisciplinares, sobre as relações entre o humano e a natureza (Ecopsicologia)[29].

A toxoplasmose é transmitida por gatos. Muitas pessoas que convivem com gatos vão interpretar dessa maneira: "Temos que nos livrar dos gatos!" Por conseguinte, milhares de gatos são mortos ou descartados na rua. Quem transmite a doença é um protozoário parasita chamado *Toxoplasma gondii*, que pode estar presente no gato, podendo ser transmito através das fezes. Outros fatores também podem ser responsáveis, tais como as carnes malpassadas, facas e pratos que tiveram contato com carne crua ou frutas e vegetais mal lavados.

Não há sentido ao abandono desenfreado de gatos causando outros problemas, assim, como, também, não há sentido em utilizar soluções antropocêntricas como, por exemplo, o "sacrifício" desse animal.

O conceito de sacrifício muitas vezes é utilizado como eufemismo ou como um passe livre para matar e assassinar. O animal dificilmente vai se auto sacrificar, ou seja, morrer ou comunicar o desejo voluntário de morrer, em prol da espécie humana. Ele é morto contra sua vontade, assassinado, ou seja, não existe sacrifício algum, por parte dos animais. O sacrifício vem do consentimento do próprio sacrificado, não é possível compreender o consentimento dos outros animais, logo não deve considerar sacrifício.

O investimento em pesquisa sobre a prevenção e a cura de doenças dos outros animais é visto, na maioria das vezes, como desperdício de atenção e recursos. Com exceção aos animais da pecuária, em que os animais são cuidados por veterinários para serem mortos saudavelmente.

O cuidado com os outros animais, sem segundas intenções, não é desperdício de dinheiro, pois gera emprego e renda, bem-estar ao animal e à população. Os outros animais merecem cuidados para o seu próprio bem, e não apenas no caso de transmitirem zoonoses ou forem para servir aos humanos.

4.3 - Não é opção a crueldade

A Idade Moderna (antropocentrismo) possui forte ligação com o teocentrismo. Humanos ainda são considerados um reino à parte, não pertencente ao Reino Animal. Salvar o mundo, geralmente significa "salvar a humanidade". Terráqueos, lembram-se, primeiramente, "humanos da Terra".

As mazelas humanas, como, o machismo, o racismo e o sexismo possuem em comum o fato de produzir vítimas, o que faz desconsiderar como alternativas de opções pessoais. Não é opção ser racista, sexista e machista. Será que é opção pessoal financiar, explorar, matar e consumir os outros animais?

Entra em discussão o especismo que, segundo Singer[7], é uma atitude, ação ou preconceito tendencioso de alguém a favor de interesses de membros da própria espécie contra outras.

Falar em liberdade, libertação ou reconhecimento dos direitos dos outros animais pode ser motivo de piada por aqueles que possuem a visão de mundo teocêntrica ou antropocêntrica.

As visões de mundo, principalmente teocêntricas e antropocêntricas, não aceitam viver retirando os outros animais e suas excreções como ingredientes na alimentação. Humanos são animais onívoros, um organismo que responde a uma alimentação proveniente de vegetais também.

A busca por desculpas para a morte dos outros animais é de grande repertório. "As plantas sentem dor", "A cadeia alimentar", "Dentes caninos", "Humanos são carnívoros", "Deus criou o boi para comer", "Na idade da pedra já era assim", "Morrem insetos na agricultura", "No asfalto há derivados de animais", "O abate humanitário", "Criancinhas passam fome na África e são exploradas na China" etc.

Muitas vezes, colocam na frente todas as mazelas humanas para que estas possam ser resolvidas antes, a fim de justificar o desprezo pela dor alheia.

O antropocentrismo em relação aos outros animais está no limite, pois a sociedade está ficando desconfortável em financiar, ser responsável, conivente e cúmplice, pelo fato de ainda existirem matadouros.

Outro conflito clássico nas discussões acadêmicas e na sociedade são as experiências fazendo o uso dos outros animais. Para a consciência antropocêntrica, a experiência com animais é perfeitamente moral e ética, desde que sejam seguidas determinadas normas, cujas são criadas por humanos.

Ao animal não humano resta o que é determinado pelo animal humano, morrer com sofrimento ou sem sofrimento. Não existe alternativa de permanecer vivo, pois a liberdade de um animal não humano senciente é determinada pelo animal humano antropocêntrico, que se intitula superior e dono da natureza.

Numerosos são os trabalhos científicos criticando a utilização dos outros animais em experiências científicas. No final do ano de 2013, a invasão e resgate de animais destinados às experiências no Instituto Royal, em São Paulo, trouxe mais polêmica.

Muitas são as discussões fervorosas, principalmente nas universidades. A figura abaixo é um exemplo.

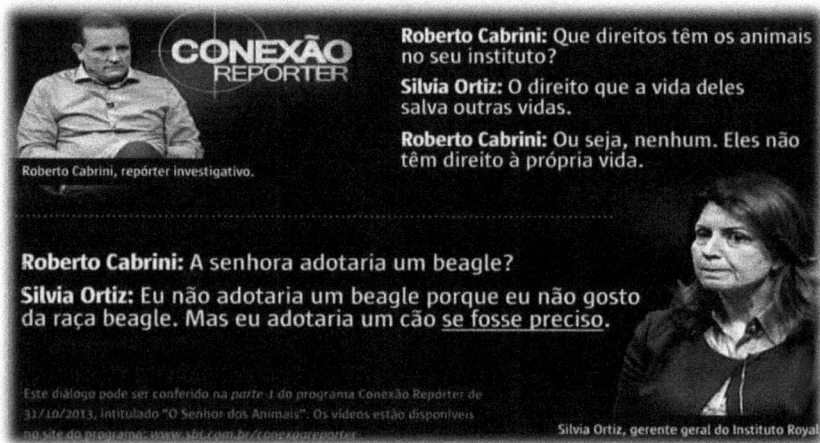

CONEXÃO REPORTER

Roberto Cabrini, repórter investigativo.

Roberto Cabrini: Que direitos têm os animais no seu instituto?

Silvia Ortiz: O direito que a vida deles salva outras vidas.

Roberto Cabrini: Ou seja, nenhum. Eles não têm direito à própria vida.

Roberto Cabrini: A senhora adotaria um beagle?

Silvia Ortiz: Eu não adotaria um beagle porque eu não gosto da raça beagle. Mas eu adotaria um cão se fosse preciso.

Este diálogo pode ser conferido na parte 1 do programa Conexão Repórter de 31/10/2013, intitulado "O Senhor dos Animais". Os vídeos estão disponíveis no site do programa: www.sbt.com.br/conexaoreporter

Silvia Ortiz, gerente geral do Instituto Royal

Figura 16 Polêmica da invasão e resgate de animais no laboratório do Instituto Royal. http://vista-se.com.br/conexao-reporter-exibe-programa-sobre-o-instituto-royal/

Estabelecendo uma analogia com a religião na Idade Média, o enforcamento, a decapitação, a tortura e a fogueira eram justificados pela desculpa de ser prática religiosa moral e socialmente aceita. Porém, no antropocentrismo, não é considerado moral e ético utilizar pessoas em testes científicos, sem as devidas normas e consentimentos; entretanto, utilizam os outros animais sem que eles tenham a capacidade de consentir, mesmo que seja ao benefício de outra espécie, com a desculpa de estar a praticar ciência.

Ciência ou crueldade? Religião ou crueldade?

Para justificar os testes em animais, é comum o argumento "os fins justificam os meios". Utilizando a lógica do argumento, os meios utilizados pelos cientistas nazistas nas vítimas do holocausto seriam, portanto, moralmente e eticamente aceitáveis para o avanço da ciência. Crimes poderão ser justificados, uma vez que "os fins justificam os meios".

Nos testes com animais, "os fins justificam os meios", se, no meio, as vítimas são os outros animais. A compreensão da ética está em amenizar o sofrimento (da culpa) através das anestesias.

O antropocentrista afirma que nunca existirão métodos alternativos ou substitutivos, sem nunca alguém ter pensado em realizar um método alternativo. O antropocentrista afirma que o animal é um modelo pronto, um recurso natural à disposição e, todavia, todo medicamento é testado e deverá ser sempre testado em animais, e os que se opõem, são radicais. Para o antropocentrista:

> *"A realização de experiências nos outros animais é justificada pelo fato de serem semelhantes aos humanos; para dar direitos, não é possível, pois os outros animais são completamente diferentes da espécie humana"[30].*

Um rato é semelhante a um humano? A fisiologia de uma mesma pessoa em idade diferente, possui diferenças fisiológicas. De um homem para uma mulher, da mesma idade, também possuem diferenças; logo a fisiologia de um humano e de um rato é completamente diferente.

CAPÍTULO 5 – IDADE CONTEMPORÂNEA
Biocentrismo – Relações Biocêntricas

- *A ética é ampliada para outras espécies, e não apenas ao benefício da humanidade. Animais são considerados indivíduos com direitos inerentes e não objetos, propriedades, mercadorias. A biodiversidade toma o centro das atenções, ou seja, biocentrismo.*

No biocentrismo, a biodiversidade está no centro do universo. O biocentrismo possui características distintas do teocentrismo e do antropocentrismo. O sentido da ética não é mais para agradar determinado Deus, ou apenas para benefícios humanos. A ética na Idade Contemporânea engloba os outros animais sencientes. Humanos não são mais os donos da Terra e, sim, fazem parte dela. Humanos não são seres superiores, simplesmente possuem peculiaridades, assim como cada espécie possui a sua.

O modo de vida ético/moral/natural/normal em relação aos outros animais é o veganismo, que consiste em tentar excluir todas as formas possíveis e praticáveis de exploração aos outros animais. [31]

O livro *Libertação Animal*, de Peter Singer (1975), popularizou o Movimento de Libertação Animal dentro do mundo acadêmico. É o principal filósofo de ética animal contemplado nas universidades e, em muitas, o único autor contemplado que aborda o assunto. Peter Singer define que o ser que possui capacidade de experimentar a dor e o sofrimento deve ser atribuído direitos morais; logo, a capacidade de falar e a racionalidade não são atributos obrigatórios para definir aqueles que devem merecer cuidados morais[8]. Há muitos autores brilhantes na linha abolicionista, mas, infelizmente, ainda não são contemplados nas escolas e universidades.

Do Carmo[32] discorre mais sobre o biocentrismo:

> *"O biocientista contemporâneo há tempos passou a questionar o antropocentrismo – situação na qual o homem se faz o protagonista do mundo. As exigências ditadas pelo próprio percurso do conhecimento levaram o homem de ciência a se aproximar do biocentrismo – situação na qual o homem consta apenas como um elemento a mais na*

natureza. Aqueles que defendem o biocentrismo mais literal rejeitam o tratamento diferente dado aos seres vivos humanos, em detrimento daquele dado aos não humanos. Lançam-se, pois, na direção de uma percepção ecológica da ética, uma percepção que dilui."

As relações biocêntricas humanas naturalmente recusam e evitam o uso da exploração da corporeidade. Evita frequentar locais em que os outros animais são expostos como objetos de entretenimento humano.

A natureza recebe direitos; pois, a saber, um rio tem o direito de permanecer sem a poluição humana. O rio poluído pela ação humana deve ser despoluído para atender primeiramente a maior biodiversidade, e não somente para a espécie humana usufruir do uso da água limpa.

Os direitos intrínsecos dos outros animais sencientes são reconhecidos. Os direitos fundamentais à vida, à liberdade, ao seu corpo e aos cuidados. É reconhecido, também, que os outros animais possuem suas próprias razões de viver. Nenhum animal deve ter como condição de existência, o fato de servir ou ser útil aos humanos.

Infelizmente, para os outros animais terem algum sentido em existir, sob a perspectiva antropocêntrica, necessariamente precisam "servir para alguma coisa"; ou seja, servir para "alguma coisa para os humanos" e, dessa forma, os outros animais precisam gerar lucro, fornecer roupa, prover carne, dar leite, dar ovo, puxar as coisas; porque, se não for assim, o humano antropocentrista pensa que não serve para nada, e devem morrer. Para que serve uma vaca? Para que serve um pombo voando no meio da cidade?

Em relação aos testes em animais, há uma grande concentração de esforços no sentido de buscar métodos substitutivos permanentes para tentar evitar a exploração dos outros animais, inclusive com políticas públicas. Métodos substitutivos, pois alternativos podem ser interpretados como um método "alternado", ou seja, pode existir à volta aos métodos com o uso dos outros animais.

É possível viver 100% vegano biocentrista? É claro que é impossível andar pelo mundo, sem interferir na biodiversidade, sem pisar numa formiga sem querer, por exemplo, mas isso não é justificativa para financiar a tortura, a exploração e a morte de bilhões de outros animais.

Apesar de viver em um sistema de crenças carnistas, em que vários mitos conseguem manter crueldades socialmente aceitáveis[33], não há como evitar que as pessoas comecem a adquirir conhecimentos. Asjoy sociedades cada vez mais questionam sobre evitar financiar a dor e o sofrimento de seres sencientes.

No biocentrismo, os animais não humanos são considerados sujeitos de direitos, indivíduos com direitos intrínsecos à vida e à liberdade, não mais produtos, mercadorias, objetos, propriedades, recursos naturais, ingredientes, meios de transporte e de carga. São outras nações que convivem na Terra com a humanidade; nações, também, portadores de consciência, inteligência e sentimentos.

Na Idade Contemporânea são aceitos novos conceitos e interpretações em relação à ética animal: O "Ser humano" perde o "Ser", que reflete numa superioridade entre os outros seres, afinal, ninguém diz o "Ser gato" ou o "Ser samambaia". A expressão comum, "os animais", é acompanhada de "outros" ou a expressão "não humanos", pois humanos são animais também. Surge, então, o termo "carnista"[33] para designar a pessoa que come carne, e não carnívora (animal que caça e come exclusivamente carne).

5.1 - As plantas sentem dor?

A matança indiscriminada de seres sencientes parece soar com algum sentido, quando colocam em discussão o fato de as plantas também serem seres vivos. Entretanto, nenhum dos fundamentos com base sobre a dor se aplica às plantas[8].

Caso seja considerado hipoteticamente que as plantas sentem dor, é preciso lembrar que, para cada quilo de carne, é necessário mais de sete quilos de plantas, ou seja, quem come animais mata mais plantas que um ovolactovegetariano ou vegano.

O frugivorismo pode ser a opção perfeita para aqueles que acreditam que as plantas sentem dor ou têm sentimentos. O frugivorismo é uma dieta em que se consome cereais, legumes, nozes, amêndoas e as frutas, propriamente. A filosofia consiste em utilizar apenas o que a natureza oferece sem violar a integridade do vegetal[34].

A impossibilidade de as plantas sentirem igual aos outros animais é devido ao fato da dor ser um estado mental. Logo, um ser que não possui cérebro, sistema nervoso, nervos, neurônios, dificilmente terá uma mente. É possível entender sobre o argumento de que "as plantas também sentem dor", ser apenas uma falácia ou desculpa comum para continuar comendo os outros animais.

O fato de generalizar plantas e animais, na tentativa fracassada de passar a ideia de "ser normal matar", pelo fato de serem seres vivos, não se sustenta, pois humanos também são seres vivos.

A desculpa das plantas sentirem dor é uma tentativa frustrada de enganar a consciência, buscando abrir uma brecha na ética para tentar justificar a morte desnecessária de bilhões de animais e o churrasco do final de semana. Quem fala isso, em um primeiro momento, fornece uma falsa impressão de elevado grau de compaixão e empatia; porém, no fundo, não está preocupado nem com as plantas e nem tampouco com os outros animais.

Toda vida tem importância e o respeito deve aparecer. Porém, o ser que não possui mente não tem capacidade de reconhecer o "eu" interior e nem de sentir dor. A senciência é um critério a mais de importância, é o limite moral/ético para surgir à consideração de igualdade. Uma pedra não possui interesse de não ser chutada[8].

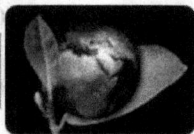

5.2 - Educação Biocêntrica

A educação também passa por modificações e isso é constatado no livro "Vamos Cuidar do Brasil"[35], realizado pela Secretaria de Educação Continuada, Alfabetização e Diversidade (SECAD), com o apoio do Ministério de Educação e Cultura (MEC), Ministério do Meio Ambiente (MMA) e Organização das Nações Unidas para Educação Ciência e Cultura (UNESCO), que publicou a seguinte reflexão:

> "O que importa formar médicos, especialistas, advogados, juízes, políticos, professores, dentistas, garis ou comerciários que não estejam atentos para a vida como patrimônio e para o planeta como habitação de várias espécies?[35](p.80).

Sendo assim, os direitos básicos, o respeito, os crimes, as crueldades, a proteção e a libertação dos animais são temas constantemente abordados na sociedade e estão contidos e estimulados pelo MEC e MMA.

> *Os desafios do século XXI estão de algum modo, nos sacudindo, "invadindo" nossas escolas, se manifestando no dia-a-dia, sob a forma de gravidez de nossas adolescentes.* [35] *(p.79).*

A falta pelo interesse pelo tema na educação pode ser resultado da falta de atualização ou repulsa. A persistência no discurso arcaico, especista e antropocêntrico, considerando os outros animais inferiores, objetos, recursos naturais, irracionais, entre outras considerações, deixa as sociedades retrógradas e na brutalidade moral/ética de tempos remotos. Privar, desconhecer ou omitir informações sobre a ética não vinculada apenas ao benefício humano, é atrasar o desenvolvimento e a evolução, além de ir contra a educação contemporânea e ao que é estimulado nos documentos referenciais da educação brasileira:

> *Agora, em pleno século XXI, já percebemos, no cotidiano, a urgente necessidade de transformações que resgatem o RESPEITO PELA VIDA, com justiça ambiental, eqüidade, diversidade, sustentabilidade e... beleza. Este é o desafio da Educação Ambiental na Secretaria de Educação Continuada, Alfabetização e Diversidade do Ministério da Educação, ao ressignificar o cuidado com a diversidade da vida como valor ético e político, fugindo da equação simplista ambiente = natureza* [35] *(p.245).*

Ainda que possa gerar discordância e dúvidas quanto à aplicabilidade de tais temas, as referências educacionais reforçam o papel a ser estimulado pelo docente:

> *É preciso gerar indignação nas pessoas, inconformidade com as injustiças, sensibilidade para a dor alheia (seja ela qual e em quem for); é preciso desejar gente que olhe para a vida e tenha desejo de viver, de abraçar, de sorrir e fazer diferença diante de muitos desafios impostos pela vida social[35]. (p.81).*

A educação não é somente na escola, deve estar presente no interior das casas pelas famílias, nas igrejas, nos templos, nos meios de comunicação em massa, na área do direito e nas políticas públicas nas esferas do executivo, legislativo e judiciário.

Todos os setores falham a respeito, e as pessoas que tentam incluir a temática, são ainda vistas, na maioria das vezes, como radicais, extremistas, impositoras de causa, fanáticas, desqualificadas, inválidas.

No interior das casas, na maioria das vezes, o conhecimento se limita à proteção de cães e gatos. Quando algum membro é vegan, normalmente é alvo de piadas, afetando o convívio social.

Os templos e igrejas chegam ao ponto de comemorar o dia do padroeiro dos animais, São Francisco, com churrasco de animais. Algumas subdivisões do cristianismo e outras religiões adotam o ovolactovegetarianismo, que explora muito as fêmeas (vacas e galinhas). Aos poucos, religiosos estão abrindo o raio de compaixão aos outros animais e adotando o veganismo.

Os professores, nas escolas, que arriscam a apresentar os dois lados da história (sistema carnista e o veganismo), são alvos dos pais dos alunos, em reuniões, os quais confabulam, pressionando a direção pela expulsão do profissional.

Nas faculdades e universidades, algumas áreas possuem maior abertura à temática, geralmente tratada superficialmente. Mas, no geral, quem defende os outros animais é motivo de chacota e *bullying* pelos colegas.

Na área do direito, muitos trabalhos e pesquisas tentam sensibilizar a humanidade no sentido de considerar os outros animais sujeitos de direitos; porém, estes são ainda tratados, moralmente, como propriedades, objetos ou recursos naturais.

Nas esferas públicas, deputados transformam a privação e crueldade do aprisionamento de pássaros em gaiolas, como profissão (passarinheiros) assim, também, a liberação de verbas para construção de aquários gigantes, transferindo a liberdade dos outros animais marinhos, em objetos de vitrine ao entretenimento humano. Também existem as manobras dos parlamentares, tentando, a todo custo, retirarem as vaquejadas e os rodeios do status de crueldade, elevando-os à condição absurda de "patrimônio da humanidade, esporte e cultura". No sistema de saúde, os outros animais, cães, gatos, cavalos e animais de abate, recebem alguma atenção quando possuem alguma doença que transmite aos humanos (zoonoses). A atenção, na maioria das vezes, é matá-los, "sacrificar". Infelizmente, todos os setores falham de alguma maneira.

5.3 - Vegetarianismo e Veganismo

Algumas fontes levam a existência do vegetarianismo há cerca de cinco milhões de anos ao ancestral *Australopithecus Anamensis* com a alimentação a base de frutas, folhas e sementes. Por volta de 3200 a.C., grupos religiosos adotaram o vegetarianismo no Egito[5]. Há milênios, também, a cultura indiana, baseada no conceito da não violência, adota o vegetarianismo[34].

O vegetariano é a pessoa que consome vegetais e nenhum tipo de carne (nem branca, vermelha ou qualquer outra cor). No ocidente, antes do ano de 1847, o vegetarianismo era conhecido como "sistema de dieta vegetal ou dieta pitagórica". A formalização do termo foi no ano de 1847, por Joseph Brotherton, na inauguração da Sociedade Vegetariana, realizada na Inglaterra. A utilização de ovos e laticínios, apesar de não serem vegetais, não impedia de receber a denominação[34].

Com o tempo, foram chamados de ovolactovegetarianos aqueles que consumiam laticínios e ovos; lactovegetarianos, aqueles que consumiam laticínios e vegetarianos estritos (ou puros), aqueles que não consumiam derivados de animais.

Outra dieta vegetariana estrita utiliza alimentos crus e aquecidos até 42°C, chamada de crudivorismo. O frugivorismo, como foi visto anteriormente, é a dieta que consome os frutos e as frutas propriamente, uma filosofia que evita violar a integridade do vegetal[34].

De acordo com os dados do Instituto Brasileiro de Opinião e Estatística, IBOPE,[36] no ano de 2012, 8% da população brasileira se identificou como vegetariana, cerca de 15,2 milhões de pessoas. Em Fortaleza, no Ceará, 14% da população afirma ser vegetariana, enquanto que, em Curitiba, no Paraná, são 11%. Em Brasília, Recife, em Pernambuco e na capital do Rio de Janeiro, cerca de 10% da população é vegetariana. De acordo com o senso do IBGE do ano de 2012, 8% da população brasileira afirmou ser vegetariana.

É importante salientar que o consumo de leite e ovos não tornam as pessoas vegetarianas, pois se observar a lógica da palavra "vegetariano", leite de vaca e ovos não são alimentos do reino vegetal.

No ano de 1851, vegetarianos, não apenas motivados pela saúde humana, mas por critérios de saúde para os outros animais, começaram a abolir vestimentas de couro. Cem anos depois, em 1944, Donald e Dorothy Watson, ativistas britânicos, deixaram por diferenças ideológicas, a *Vegetarian Society* (focada na alimentação saudável) e criaram a *Vegan Society*. Definiram o termo *Vegan* a partir da própria palavra *Vegetarian* (Veg*****an) e conceituaram como um estilo de vida ético/moral, que tenta excluir todas as formas possíveis e praticáveis de exploração aos outros animais[31,34].

5.4 - Bem-estarismo

O Bem-estarismo pode ser subdividido em Bem-estarismo em que há o fim em si mesmo e o Bem-estarismo com o fim no abolicionismo.

O Bem-estarismo com o fim em si mesmo é o mais conhecido. Um sistema que tenta aliviar a culpa na continuidade da exploração dos outros animais. É o sistema que vive alargando e aumentando correntes e o tamanho das gaiolas, mas não tem como finalidade quebrar as correntes e abrir as gaiolas[37]. Numa analogia à escravidão de humanos, "é diminuir o número de punições e dar um dia de folga". Portanto, não há como fim à libertação e, sim, perpetuar a escravidão. Aos bem-estaristas, o fato de se dar certo cuidado ao animal, já consideram motivo suficiente para fazer o que quiserem com ele.

No bem-estarismo, a crueldade só é reconhecida nos meios de produção animal quando interfere ou cessa o lucro[7]. Porcher[38] completa:

> Para as cadeias de "produção animal", o "bem-estar animal" se inscreve no processo das indústrias da carne em termos de resposta de marketing à sensibilidade dos consumidores. O animal é, de seu nascimento à sua morte, considerado como matéria animal in fine transformada em produto de consumo. [...] A brutalidade costumeira com os animais tende a ser depreciada a favor de condutas "suaves" por ser um fator de estresse e porque o estresse é um fator de degradação da qualidade da carne. [...] Essa contradição entre a violência intrínseca do sistema à qual estão submetidos homens e animais - acrescida pelo aumento das cadências e a intensificação do trabalho - e as injunções de "suavidade" e de assunção do "bem-estar animal" é igualmente perceptível na organização do trabalho nos abatedouros (p.35-44).

O Bem-estarismo que visa o abolicionismo, não é um sistema reconhecido por muitos ativistas. Muitos que reconhecem, compreende que, em algumas situações, na impossibilidade da imediata libertação dos animais, em determinados seguimentos, utilizam-se meios transitórios para alcançar, num determinado tempo, o abolicionismo.

Muitos consideram já o abolicionismo. Não confundir com a estratégia da indústria de perpetuar a exploração, iludindo os consumidores com produtos de exploração animal, por exemplo, os ovos de "galinhas felizes". E também, não confundir com práticas sanitárias, quanto à qualidade do "produto".

O exemplo da proibição dos rodeios e vaquejadas, pode esclarecer melhor: Os bem-estaristas, que possuem o fim em si mesmo, são a favor dos rodeios e vaquejadas e buscam alternativas para "aliviar a dor do animal". Alguns podem ser contrários aos rodeios e vaquejadas, mas aceitam, moralmente, que continuem utilizando os cavalos, subindo em seus lombos como meio de transporte e, através da dor do relho, do chicote, do freio de boca e da espora, impor um caminho a seguir. Podem ser contrários aos rodeios e às vaquejadas, mas desde que não interfiram no "couro" que gostam de vestir ou no "bife" que gostam de comer.

Os bem-estaristas, que visam o abolicionismo, são contra os rodeios e vaquejadas, contra as montarias em cavalos e a utilização de peles de animais para vestimenta. Além disso, não aceitam os outros animais como ingredientes à alimentação, pois consideram desnecessário e crueldade comer animais. Os bem-estaristas, com o fim no abolicionismo, apoiam a proibição de rodeios e vaquejadas, mesmo sendo uma medida bem-estarista, pois compreendem que é um bem-estarismo que encerra uma atividade de exploração animal especifica.

Estratégias de marketing ou práticas/medidas sanitárias podem nem ser consideradas bem-estarismo. Como exemplo, a substituição do sistema de gaiolas de bateria das galinhas poedeiras, pelo sistema de galinhas amontoadas num galpão, "galinhas livres". É uma forma de agregar valor ao "produto", ou uma forma de evitar os prejuízos, pois cada vez mais, o consumo de ovos vem caindo. Algumas ONGs de "proteção animal" recebem verbas na cifra dos milhões para promoverem o consumo de ovos de galinhas "livres e felizes".

5.5 - Abolicionismo

O abolicionismo é a linha dos ativistas em defesa dos animais, eleva todos os outros animais a sujeitos de direito e de igualdade de consideração, retirando-os da esfera de objeto/propriedade[39].

Os abolicionistas consideram a estratégia da indústria de "bem-estarismo", uma tentativa frustrada de iludir as pessoas. A promoção da exploração animal, como algo inofensivo aos animais, como um anestésico ético/moral, é o pior inimigo dos outros animais.

Conciliar exploração animal com o bem-estar animal é praticamente impossível. Não existe bem-estar animal, enquanto eles forem tratados como objetos, ingredientes, mercadorias, produtos, propriedades, cobaias.

Caso hipoteticamente não exista sofrimento dos outros animais na indústria, enquanto estes nascem e crescem, mas somente o fato de eles serem confinados e procriados para o abate, quando crianças/jovens e saudáveis, isso não pode ser considerado um bem-estar para os outros animais.

Matar, independente da forma, não é bem-estar, é crueldade. Apenas em alguns casos pode haver questionamentos, como num ato de autodefesa, eutanásia e sobrevivência.

Numa analogia, a imagem falsa passada pela indústria sobre o "abate humanitário" seria como um pai ou o padrasto que violenta a própria filha, pois os animais não humanos também não esperam que a mão que os acaricia, também os degole[40].

5.6 - Socorrismo

É uma expressão incomum, mas tem importante significado na conversa entre bem-estaristas e abolicionistas, conforme a filósofa Sônia Felipe[37].

> *[...] nenhum abolicionista genuíno condenaria qualquer pessoa que oferecesse água e comida a um cão sedento e esfomeado! Isso, é o que Singer admite, e o que fazem as protetoras de cães e gatos. Mas, isso, não é bem-estarismo, é um ato de compaixão, é "socorrismo". Então, para não magoar tanto as pessoas que cuidam dos animais estragados pelas outras, poderíamos ter uma terceira categoria, que não seria referida com o termo bem-estarista, nem abolicionista, até prova em contrário, por exemplo, na falta de inspiração momentânea, "socorrista" animalista. Acho ótimo! (p.01)*

Os abolicionistas são contrários a qualquer forma de exploração aos animais e defendem a abolição do sistema atual, enquanto os bem-estaristas são aqueles que apoiam e desejam perpetuar a exploração animal, sustentando e defendendo o sistema. Por sua vez, os socorristas são os que prestam serviço aos animais feridos ou abandonados pela sociedade (geralmente cães e gatos).

Nem todos os socorristas são abolicionistas ou bem-estaristas, tornando, assim, o movimento de defesa dos direitos animais em um caldeirão fervente de embates filosóficos em que há discussões efervescentes entre os que procuram rejeitar ingredientes de exploração de animais e outros que desprezam a dor alheia.

5.7 - Protetor e ativista

Os protetores de animais são pessoas que dedicam um pouco de suas vidas em defesa dos outros animais. Os protetores ou defensores podem ser classificados em Bem-estaristas, Abolicionistas e Socorristas.

Na visão superficial da sociedade, o protetor de animal está relacionado aos "socorristas de cães e gatos". Pessoas que gostam de cães e gatos e possuem vários dentro de suas casas. Os animais são comprados ou adotados e, na maioria das vezes, é imposto o racismo, desejando pets de "raça pura". Na tentativa de transformar os animais na estética humana, muitos protetores utilizam sapatos, roupas, chapéus nos animais, e também adestram, ou seja, impõem a eles a razão humana de viver.

Aprofundando no contexto dos protetores de animais, é possível constatar que a maioria não aceita o comércio de animais e nem o racismo humano imposto. Os protetores de animais mais engajados sensibilizam as pessoas a não adotarem pelo critério de raça e recomendam a castração, devido à grande quantidade de cães e gatos abandonados.

Protetores de animais estão deixando, aos poucos, a imagem de "protetores de pets" e aumentando o raio de empatia para os outros animais, aderindo-se à linha abolicionista.

A linha abolicionista é defendida como uma postura coerente que vem ganhando adeptos no meio do movimento de proteção animal. A sociedade começa a exigir critérios básicos para ser autointitular "Protetor de Animais".

Os seguintes critérios/mudanças de hábitos estão fazendo parte dos protetores de animais: alimentação (não consumir animais); diversão (não frequentar locais de exploração, rodeios, vaquejadas, touradas, feiras de exposição, competições); vestuário (não usar pele ou penas); uso de cosméticos e produtos de limpeza (marcas que não testam em animais).

O ativista pelos animais é o protetor de animais e militante ativo pela causa. Para sustentar o seu trabalho voluntário, trabalha em outros setores para dar suporte a uma vida dedicada à defesa dos animais ou trabalha exclusivamente na causa. A definição de ativista no dicionário on-line[41] é a seguinte:

> *"Diz-se da pessoa que é partidária do ativismo; que exerce a militância por uma causa, partido político. Pessoa que trabalha de modo ativo por uma causa; quem atua e trabalha por uma ideologia política e/ou social; militante".*

O ativista participa de ações diretas, como, palestras, protestos, manifestações, desobediência civil, invasão de propriedades, boicote, ações pacíficas e também de afronta à lei, no sentido de uma mudança moral/social/política em prol da causa. Os ativistas ligados às ações diretas de desobediência civil são conhecidos, atualmente, pela sigla ALF - Frente de Libertação Animal.

Sensibilizar as pessoas para adotar um cotidiano que evite a dor e a exploração dos animais é um dos principais objetivos do ativismo animal. A postura em relação aos animais é obviamente mais cobrada pela coerência, não se é admitido para um ativista dos animais salvar baleias, cães e gatos e comer vacas, peixes e porcos.

5.8 - Carnívoro, Onívoro, Carnista e Falso Vegetariano

Há confusão nos conceitos, a ponto de as pessoas, comumente, se declararem "carnívoras", por exemplo. Até no meio acadêmico, professores de pós-doutorado, por exemplo, na tentativa de desqualificar o veganismo, podem cometer um erro tão básico. Tal afirmação é um erro, porque seria lamentável para um humano não comer frutas, arroz, pão, pizza ou feijão. Apesar de defasada e antiga, quanto à classificação de ordens, humanos pertencem à ordem primata e não carnívora. As espécies que se alimentam principalmente ou exclusivamente de carne, ou dependem inteiramente da carne para a sua nutrição, são denominadas carnívoras.

Onívora é uma nomenclatura de dieta. A espécie onívora pode consumir tanto alimento de origem animal quanto vegetal, não necessariamente junto.

Carnismo ou carnista é um conceito criado com a intenção de desmistificar a ideia de que a espécie humana é naturalmente consumidora de animais. Joy[33] define o carnismo como uma forma de consumir alimentos sem levar em conta os fatores éticos e ambientais em relação aos animais não humanos. O sistema carnista é um sistema de crenças invisíveis ou uma ideologia que condiciona as pessoas a comerem (certos) animais como algo natural, normal e necessário[33].

Falso vegetariano é o termo utilizado às pessoas que simpatizam com o vegetarianismo, muitas vezes se dizendo vegetarianas, mas, por algum motivo, consomem alimentos de origem animal, como, peixe, presunto, carnes brancas, ovos, leite e mel.

5.9 - Produtos e estabelecimentos Vegano/Vegetariano

Quando um restaurante e lanchonete é vegano? Quando um produto pode ser considerado vegetariano ou vegano?

Na linguagem popular, um lugar onde vende comida onívora, com opções de vegetais, ovo, leite de vaca, mel é dito no menu, como "opções vegetarianas". Quanto às opções veganas, é quando não possui ingredientes de origem animal. Caso as palavras cobrem o significado, será possível perceber que está tudo errado.

Em primeiro lugar, o veganismo é uma postura ética/moral e não dieta. Caso o lugar não tenha postura ética, nada que seja fabricado ali vai ser vegano. Para um estabelecimento ser vegano, os proprietários, gerentes e funcionários devem estar coerentes com a causa. O próprio estabelecimento deve estar envolvido na causa como extensão de uma mente abolicionista. Por exemplo, constar ilustrações e mensagens abolicionistas no cardápio, em quadros e banners no interior da loja. A empresa deve de alguma maneira apoiar os ativistas à frente de batalha, uma vez que estes realizam o trabalho direto de sensibilização junto às pessoas. Essa ajuda é bem-vinda aos ativistas, os quais fazem, na maioria das vezes, por altruísmo e compaixão pelos animais, doando tempo e dinheiro pela causa. Se for pensar, os ativistas de frente de batalha estarão trazendo, indiretamente, "clientes" ao estabelecimento.

Um estabelecimento vegano apoia manifestações, participa e também cria algumas ações altruístas, sem segundas intenções financeiras ou políticas.

Não há problema em ganhar dinheiro e se manter com a causa; porém, tudo não pode ser apenas pelo dinheiro, porque veganismo não é somente um nicho de mercado.

O estabelecimento de gastronomia que produz e oferece comida onívora, terá opções ovolactovegetarianas e vegetarianas (exclusivamente de vegetais), não terá opções veganas. A não ser que venda um produto de outra empresa de postura inteiramente vegana.

Fica fácil de entender agora se um produto é vegano ou não. Para ser considerado um produto vegano, toda hierarquia, fornecedores, matéria prima, marketing devem estar alinhados ao veganismo. Por isso torna-se complexo uma empresa de grande porte ser vegana, pois é difícil se adequar toda a mão de obra, produção, fornecedores à condição que deveria ser natural de não explorar os outros animais.

As empresas de pequeno porte têm maior facilidade na mudança e adaptação. Uma empresa já criada com critérios éticos de libertação animal tem menos complexidade.

Respondendo às perguntas iniciais.

O produto é vegano, quando é produzido por empresas mães ou empresas independentes alinhadas ao veganismo, que não possuem víeis com a exploração animal, na medida do possível e praticável (ex. não testa em animais). E se possível, deve constar no marketing do produto, (discreto ou não), a sensibilização em prol da libertação animal.

O produto é vegetariano, quando é alimentar e não possui ingredientes de origem animal.

O produto é ovolactovegetariano ou ovolacto quando é alimentar e possui derivados de animais (leite de vaca, óvulos e ovos). **O leite de vaca, óvulos, ovos e mel não são vegetais e, sim, derivados de animais.**

Um produto não alimentar, quando não possui ingredientes de origem animal, porém a empresa não é alinhada ao Veganismo, é apenas um produto a base de vegetais e que pode ou não testar em animais.

Um estabelecimento comercial é vegano quando não fabrica ou vende produtos com ingredientes de animais, quando não possui víeis com a exploração animal. Os proprietários, sócios, funcionários são veganos e promovem a sensibilização pelo veganismo abolicionista e não bem-estarista.

5.10 - Pecuária e Meio Ambiente

Uma das características humanas peculiares foi à especialização da racionalidade pelo desenvolvimento cerebral em que resultou na capacidade de criar ferramentas/tecnologias, domesticação de plantas, entre outras. As tecnologias que surgiram podem ser utilizadas para substituir os trabalhos danosos humanos e para a preservação do meio ambiente, substituindo a exploração dos animais. Também é verdade que as tecnologias podem ser utilizadas de forma prejudicial ao meio ambiente, às pessoas e aos outros animais. A tecnologia aliada à domesticação das plantas que se deu início há cerca de 15 mil anos, resultou no surgimento de uma grande variedade de alimentos de origem vegetal, criando um mutualismo entre os vegetais domesticados e os humanos. Nesse sentido, acrescenta-se que:

> *A domesticação das plantas tem um relacionamento direto de interação com o homem, pois é um processo que envolve mudanças mútuas entre os dois grupos. [...] A domesticação das espécies foi decisiva na mudança do comportamento humano e, dessa forma, pode ser considerada um pré-requisito para o surgimento das civilizações. [...] O homem é o agente de dispersão das plantas (EMBRAPA, 2008)[42].*

A possibilidade de uma alimentação direta, eliminando intermediários (alimentos de origem animal), demanda uma biomassa de vegetais e de utilização do solo em uma quantidade inferior, além de reduzir, significativamente, prejuízos ao meio ambiente. Para produzir um quilo de carne bovina são necessários sete quilos de grãos para a ração animal, segundo dados da *Food and Agriculture Organization of the United Nations* - (FAO)[43] e do Worldwatch Institute[44]. A terra e água necessárias para produzir 1 kg de carne são suficientes para produzir 200 kg de tomates ou 160 kg de batatas[45]. A quantidade de água, solo e recursos utilizados para produzir 1 kg de carne (que alimentaria 2 ou 3 pessoas em um dia) seriam suficientes para alimentar pelo menos 50 pessoas com vegetais e grãos pelo mesmo espaço de tempo[45]. Cerca de 50% de todos os cultivos produzidos em todo o planeta são destinados à produção de ração aos rebanhos de pecuária intensiva[45].

O consumo de carne é insustentável ambientalmente, de acordo com relatórios seguidos da Organização das Nações Unidas (ONU), através do *United Nations Environment Programme* (UNEP 2010, 2013)[46,47], sobre os impactos da pecuária no meio ambiente. Nos relatórios, a ONU reitera que o apetite por carne e laticínios é insustentável para a existência da vida humana na Terra, pois 70% da água doce do mundo são destinadas à pecuária que ocupa 38% do uso da terra global. A pecuária é responsável também por 19% dos gases do efeito estufa, superando os meios de transporte. O Professor Edgar Hertwich, o principal autor do relatório, afirma:

> *"Produtos animais causam mais dano que produzir minerais de construção como areia e cimento, plásticos e metais. Biomassa e plantações para animais causam tanto dano quanto queimar combustíveis fósseis".*

O sistema carnista é o principal responsável pelo desmatamento da Amazônia. Segundo Fearnside[48], cerca de 80% do desmatamento da Amazônia é causado pela pecuária. Acrescenta-se, ainda, que a maioria das plantações de soja e de milho é destinada à engorda de animais para abate. Outra fonte de dados, a FAO/ONU[49], informa que aproximadamente 70% das terras desmatadas da Amazônia são usadas como pasto, e uma grande parte do restante é coberta por plantações cultivadas para produção de ração. A pecuária, além de necessitar de uma grande biomassa de vegetais e de extensão de solo, é o setor que mais consome água potável do mundo. É responsável, segundo a UNEP/ONU[46], pelo consumo de 70% da água doce do mundo.

Dados da Companhia de Saneamento Básico do Estado de São Paulo – SABESP[50] informam que: para produzir apenas um kg de carne bovina são utilizados 17.500 mil litros de água potável. Outros tipos de carne e produtos animais possuem também um aporte de água muito superior ao de alimentos de origem vegetal. Para um banho de chuveiro elétrico de 15 minutos, com o registro meio aberto, são necessários 45 litros na residência. Por outro lado, apenas um quilo de carne equivale a 388 banhos.

A cartilha da Sociedade Vegetariana Brasileira, *Impactos Sobre o Meio Ambiente do Uso de Animais para Alimentação*[51], destaca também o que está por trás de um kg de carne.

As coisas podem ter custos econômicos, culturais, sociais, estéticos, ambientais, morais... E a produção de carne gera vários tipos de custos – infelizmente, quase todos desconhecidos da maioria das pessoas.

Além do que você paga diretamente no balcão do mercado e que corresponde ao custo econômico da carne, há outros fatores envolvidos que deveriam compor o preço final do produto. Entre eles, o custo ambiental da carne, que é um dos maiores problemas ambientais da Terra. Uma série de cálculos e estudos estabelece a relação do consumo de carne com a saúde do planeta, como exemplificado no quadro abaixo.

No Brasil, em média, um quilo de carne bovina é responsável por:

- 10 mil metros quadrados de floresta desmatada
- consumo de 15 mil litros de água doce limpa
- emissão de dióxido de carbono diretamente na atmosfera
- emissão de metano na atmosfera
- despejo de boro, fósforo, mercúrio, bromo, chumbo, arsênico, cloro entre outros elementos tóxicos provenientes de fertilizantes e defensivos agrícolas, que se infiltram no solo e atingem os lençóis freáticos
- descarte de efluentes como sangue, urina, gorduras, vísceras, fezes, ossos e outros, que acabam chegando aos rios e oceanos depois de contaminarem solo e aquíferos subterrâneos
- consumo de energia elétrica
- consumo de combustíveis fósseis

- despejo no meio ambiente de antibióticos, hormônios, analgésicos, bactericidas, inseticidas, fungicidas, vacinas e outros fármacos, via urina, fezes, sangue e vísceras, que inevitavelmente atingem os lençóis freáticos
- liberação de óxido nitroso, cerca de 300 vezes mais prejudicial para a atmosfera do que o CO_2
- pesados encargos para os cofres públicos com tratamentos de saúde decorrentes da contaminação gerada pela pecuária
- gastos do poder público com infra-estrutura e saneamento necessário para equilibrar os danos causados pela pecuária
- custo dos incentivos fiscais e subsídios concedidos pelos governos estaduais e federal para a atividade pecuária

Figura 17 Parte do conteúdo da Cartilha da Sociedade Vegetariana Brasileira, em destaque para as consequências que existem em 1kg de carne[50].

Os dados acima representam um alerta sobre o consumo de alimentos de origem animal, que além dos dilemas éticos, causam prejuízos ao meio ambiente.

É possível observar, por meio de uma visão aérea no *Google Maps*, por exemplo, que o Brasil se tornou basicamente uma "colcha de retalhos". As áreas com maior porte de árvores estão suprimidas e distanciadas em pequenos aglomerados, cercados por pasto ou plantações. Segue abaixo uma imagem capturada no *Google Maps,* numa região aleatória no Estado do Mato Grosso.

Figura 18 Imagem aleatória do Google Maps, Estado do Mato Grosso, elaborado pelo autor.

A quantidade de ocupação humana é insignificante perto da dimensão das terras do Brasil. A figura abaixo representa a região do Estado de São Paulo, uma das regiões com a densidade populacional mais alta.

Figura 19 Imagem Google Maps, estado de São Paulo, elaborado pelo autor

A pecuária ocupa 38% das terras globais e mais 50% da quantidade de terras cultiváveis da agricultura (para a produção de ração para animais de engorda e abate).

Caso, os 50% das terras da agricultura ocupada pela pecuária forem utilizadas no sentido de produzir variedade de alimentos de origem vegetal para a humanidade, a quantidade de alimentos seria muito superior. Provavelmente, acabaria com a fome no mundo e resolveria diversos problemas ambientais.

Mais de 35% da superfície continental da Terra ocupada pela pecuária poderia ser devolvida à biodiversidade terrestre que, por séculos, recebe um extermínio generalizado.

Três culturas: a de cana, a de milho e a de soja ocupam mais 70% das terras cultiváveis da agricultura no Brasil, que só funcionam com fertilizante químico, semente modificada e muito veneno. Isso significa produzir comida para alimentar gado para os países do Norte. A cana e a soja não são alimentos e, sim, mercadorias (commodities), comercializados na bolsa de valores do mundo. Quem fornece mais de 80% do feijão na mesa, por exemplo, é a agricultura familiar, que perde espaço para o agronegócio. A área plantada de arroz e feijão caiu 40%, a de soja (para boi) aumentou 161% e a de cana 142%[52].

Os grandes latifundiários do Brasil, aliados à "bancada do boi" (agronegócio), às multinacionais de agrotóxicos e às mídias de comunicação em massa, somente estão preocupados em produzir riquezas. O agronegócio não planta comida e está acabando com a soberania alimentar brasileira[52].

O planeta e toda a biodiversidade são transformados em homogeneidade e, por consequência, a biodiversidade é destruída para produzir comida para algumas espécies de animais para abate.

A humanidade convive, moralmente, com a procriação artificial de animais para um único destino: exploração e morte.

Em março de 2013, baseados nas informações do Instituto Brasileiro de Geografia e Estatística (IBGE)[53], o Brasil matou, por segundo, um boi, um porco e 166 frangos.

> *No 1° trimestre de 2015, foram abatidas 7,732 milhões de cabeças de bovinos, 9,3% menor que a registrada no trimestre imediatamente anterior. O peso acumulado de carcaças no 1° trimestre de 2015 foi de 1,837 milhões de toneladas. Foram abatidas 1,380 bilhão de cabeças de frangos, sendo o peso acumulado das carcaças de 3,162 milhões de toneladas. Em relação aos suínos, foram abatidas 9,170 milhões de cabeças, e a produção de ovos de galinha alcançou a marca recorde de 730,156 milhões de dúzias no 1° trimestre de 2015. No 1° trimestre de 2015, foram adquiridos, pelas indústrias processadoras de leite, 6,128 bilhões de litros de leite com quedas de 6,2% em relação ao trimestre imediatamente anterior[54].*

Para que ocorra o abate para fins comerciais, existem normas no Brasil denominadas de "bem-estar animal", cuja intenção é resgatar a sensibilidade das pessoas, enfatizando a importância de evitar o sofrimento desnecessário[55]. O Programa Nacional de Abate Humanitário reconhece a senciência dos animais ao expressar:

> *"Trate com cuidado, por respeitar a capacidade de sentir dos animais (senciência), melhorando não só a qualidade intrínseca dos produtos de origem animal, mas também a qualidade ética"[55].*

Ainda que sejam estabelecidas normas moralmente aceitáveis para matar (abate), denominadas como "bem-estarismo" ou "abate humanitário", na intenção de reduzir o sofrimento animal, continua sendo um sistema desprovido de ética, que tem como finalidade o lucro dos produtores, a exploração dos animais e a falsa ideia de que os animais não sofrem ou sofrem pouco.

5.11 - Declaração Universal dos Direitos dos Animais

A Declaração Universal dos Direitos dos Animais - (DUDA) exerce a função de influenciar e servir como parâmetro no desenvolvimento de regras jurídicas e tomadas de decisões no plano interno dos países e também internacionalmente, não necessariamente possuindo força de lei[56].

Há na sua proclamação algumas discordâncias, pois alguns autores remetem a DUDA à Assembleia da UNESCO, realizada em Bruxelas, em 1978, outros em Paris. Há informações sobre a autoria não ser da UNESCO e, sim, da Liga Internacional dos Direitos dos Animais, oficializada em 23 de setembro de 1977, em Londres. Existe também a informação sobre uma revisão do texto em 1989, pela Liga Internacional dos Direitos dos Animais e submetida à UNESCO em 1990. Porém, independentemente de ter sido proclamada ou não, é um documento amplamente divulgado e referenciado em relação aos direitos dos animais não humanos[55]. Segue abaixo alguns trechos da DUDA[57]:

> Preâmbulo: considerando que todo o animal possui direitos; considerando que o desconhecimento e o desprezo destes direitos têm levado e continuam a levar o homem a cometer crimes contra os animais e contra a natureza; [...] Proclama-se o seguinte: Art. 1º Todos os animais nascem iguais perante a vida e têm os mesmos direitos à existência. Art. 2º Todo o animal tem o direito

a ser respeitado. O homem, como espécie animal, não pode exterminar os outros animais ou explorá-los violando esse direito; tem o dever de pôr os seus conhecimentos ao serviço dos animais. Todo o animal tem o direito à atenção, aos cuidados e à proteção do homem. [...] Art. 8° A experimentação animal que implique sofrimento físico ou psicológico é incompatível com os direitos do animal, quer se trate de uma experiência médica, científica, comercial ou qualquer que seja a forma de experimentação. Art. 9° Quando o animal é criado para alimentação, ele deve de ser alimentado, alojado, transportado e morto sem que disso resulte para ele nem ansiedade nem dor.

Infelizmente, na construção da DUDA, houve interferência de setores escusos (da pecuária e de cientistas em prol dos testes em animais). Os setores escusos aos outros animais introduziram suas correntes, algemas, facas e jaulas.

No fim, a incoerência ficou tão absurda que, apesar de algumas partes abolicionistas, não é possível considerar a Declaração Universal de Direitos aos Animais como uma Declaração de Direitos dos Animais. Logo, os outros animais estão órfãos de uma declaração coerente, universal de direitos.

5.12 - Manifesto da Consciência Animal

No ano de 2012 foi realizada, na Universidade de Cambridge (Reino Unido), a conferência sobre a consciência em animais humanos e não humanos que resultou na assinatura de um Manifesto. No manifesto foi declarado à existência de estados mentais, sentimentos, ações intencionais e inteligência nos outros animais. O documento, conhecido como o Manifesto da Consciência Animal, foi assinado por 25 neurocientistas. O pesquisador Philip Low ressaltou que: "Se vivemos em uma sociedade que considera dados científicos ao pensar suas atitudes morais em relação aos animais, então o manifesto poderá iniciar mudanças"[58].

5.13 - Alimentação Animalizada e Saúde

Além de prejudicial ao meio ambiente, a alimentação de origem animal traz prejuízos à saúde humana: 70% das doenças que surgiram em humanos na última década são de origem animal e, em parte, estão relacionadas diretamente ao consumo de alimentos como carnes, ovos e laticínios[59].

O Plano Nacional de Saúde (2012-2015)[60], do Ministério da Saúde do Brasil, identifica o hábito de consumir carne como um fator de risco de doenças crônicas evitáveis, superando o consumo abusivo de álcool, tabagismo e sedentarismo. Pode ser observado, na figura abaixo:

Gráfico 4 – Fatores de risco para doenças crônicas não transmissíveis, segundo sexo, para o conjunto das 26 capitais de estados e Distrito Federal

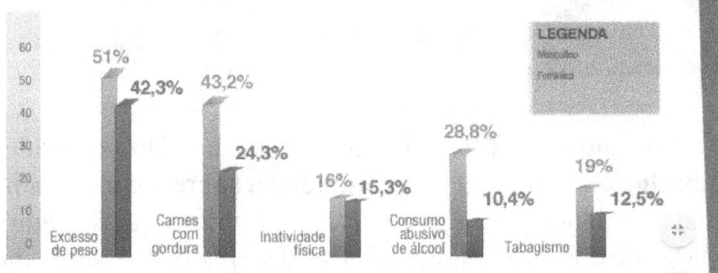

Fonte: BRASIL. Vigitel – Vigilância de Fatores de Risco e Proteção para Doenças Crônicas por sistema de vigilância de fatores de risco e proteção para doenças crônicas por inquérito telefônico (Vigitel). Brasília: MS, 2009.

Figura 20 PNS (2012-2015)[60], Ministério da Saúde do Brasil. (p.21)

Esses dados demonstram que o hábito de consumir carne está diretamente relacionado aos fatores de risco de doenças crônicas evitáveis, superando o consumo abusivo de álcool, tabagismo e sedentarismo. Acrescenta-se que as doenças do aparelho circulatório (incluindo as crônicas evitáveis) são a principal causa de morte no Brasil, matando mais que as neoplasias (câncer). Junto à discussão ética sobre o sofrimento dos animais, o hábito de consumir alimentos animalizados é prejudicial e fatal, tanto para os animais humanos e, principalmente, para animais não humanos.

Há um grande mito enraizado na sociedade sobre a necessidade de consumir animais diariamente. A Associação Dietética Americana[61] publicou o seguinte parecer sobre alimentação vegetariana:

> *Dietas vegetarianas planejadas, incluindo dietas vegetarianas ou veganas, são saudáveis, nutricionalmente adequadas, e podem proporcionar benefícios saúde na prevenção e tratamento de certas doenças. Bem planejadas dietas vegetarianas são adequadas para indivíduos durante todas as fases do ciclo de vida, incluindo gravidez, lactação, infância, infância e adolescência, e para atletas. (103:745-65)*

A diversidade de alimentação dos humanos como onívoros, permite tanto a ingestão de dietas contendo proteína animal e de proteína vegetal. Para a manutenção da saúde humana, qualquer dieta equilibrada, sob o ponto de vista nutricional é saudável e essencial. No Brasil, o Conselho Regional de Nutrição da 3ª. Região (CRN3)[62], em dezembro de 2012, emitiu parecer semelhante:

> *Os seres humanos são animais onívoros que podem consumir tanto os produtos de origem animal como*

vegetal. Por sua natureza biológica, o homem pode comer o que quiser. As vicissitudes ambientais, associadas à pulsão de vida vêm determinando as alterações evolutivas nos costumes alimentares; [...] qualquer dieta mal planejada, vegetariana ou onívora, pode ser prejudicial à saúde, levando a deficiências nutricionais. [...] A alimentação vegetariana equilibrada, bem orientada, pode ser tão ou mais saudável que a dieta onívora. [...] Ao nutricionista cabe orientar o planejamento alimentar dos indivíduos, visando à promoção da saúde, independentemente de sua opção pessoal quanto ao tipo de dieta[62].

Se qualquer dieta equilibrada é saudável, porque é importante estimular a redução do consumo de produtos de origem animal?

A redução tem importância não só para a saúde humana, mas para o meio ambiente e para os outros animais. Confirmando a tendência mundial do não consumo de alimentos de origem animal, o Ministério da Saúde atualizou o Guia Alimentar para a População Brasileira[63] no ano de 2014. Expressa o guia que, por razões sociais e ambientais, a opção por vários tipos de alimentos de origem vegetal implica num sistema alimentar socialmente mais justo e menos estressante para o ambiente físico, para os animais e para a biodiversidade em geral.

O Guia Alimentar é uma publicação do Ministério da Saúde, no qual são apresentadas as diretrizes alimentares oficiais para a população brasileira. O guia vai de encontro aos dados estatísticos que apontam que produtos de origem animal causam riscos de doenças crônicas evitáveis. Expressa claramente que o consumo de carnes ou de outros alimentos de origem animal não é imprescindível para uma alimentação saudável, e que a restrição de qualquer alimento (e não somente os produtos de origem animal) deve ser equilibrada nutricionalmente com alimentos ou suplementada. O Guia Alimentar também afirma que o único alimento completo é o leite materno nos primeiros seis meses de vida. Nele são apresentados exemplos de combinações de alimentos de origem vegetal, que se complementam do ponto de vista nutricional, e que são adequados em proteínas e aminoácidos essenciais para quem segue uma dieta livre de alimentos de origem animal. Exemplos: na mistura de cereais com leguminosas (presente no nosso arroz com feijão), de cereais com legumes e verduras (comum na culinária de países asiáticos e presente no arroz com jambu do Pará), de tubérculos com leguminosas (presente no nosso tutu com feijão) e de cereais ou tubérculos com frutas (presente no arroz com pequi de Goiás e na farinha de mandioca com açaí da Amazônia).

Em outubro de 2015, um relatório da Organização Mundial de Saúde (OMS), conclui que carnes processadas, como salsichas, hambúrgueres, bacon e outros produtos são definitivamente carcinogênicos para humanos. A carne processada foi incluída no Grupo 1, de substâncias mais perigosas à saúde, junto ao cigarro, amianto, fumaça de óleo diesel, plutônio e o ar contaminado. A carne vermelha (vaca, porco, cavalo, cordeiro, cabra...) foi classificada no Grupo 2 (grau de evidência em humanos quase suficiente).[64,65]

Além de a carne causar prejuízos à saúde humana, em 2017, o Brasil foi palco dos maiores escândalos de corrupção. O presidente da JBS, a maior empresa de processamento de proteína animal do mundo, depôs à Procuradoria Geral da República, confessando o pagamento de propina aos políticos (candidatos à presidência e deputados). Dinheiro pago para defender os interesses escusos do setor, pois, sem a blindagem na mídia e da política, muitas pessoas, provavelmente, não estariam mais contribuindo e consumindo um alimento tão nocivo[66]. Antes disso, também em 2017, a Polícia Federal deflagrou a "Operação Carne Fraca", descortinando um pouco sobre a podridão dos cadáveres de animais que chegam à mesa dos que consomem carne[67].

5.14 - Violência

A violência e crueldades contra os outros animais também é estudada como reflexo da violência contra a própria espécie humana. Está presente como característica comum nos registros de estupradores e assassinos em série. O abuso contra animais aparece de forma clara nas histórias de pessoas com comportamento violento.

No Brasil, estudos apontam a violência contra animais e sua relação com a violência doméstica. A violência contra os outros animais é o primeiro degrau para que a violência chegue a nossa espécie[68].

Em plena Idade Contemporânea ainda persiste a exploração aos outros animais que, também, aos animais humanos, muitas vezes fortemente interligados, como apontam os dados do Ministério do Trabalho e Empregos, sistematizados pela Comissão Pastoral da Terra (2003-2014), que coloca a pecuária como responsável por 29% dos Trabalhadores Escravos Contemporâneos Libertados nesse período, colocando o setor em primeiro lugar[69].

5.15 - Objeção de Consciência

Poucas escolas e universidades falam sobre o direito constitucional do estudante de solicitar a Objeção de Consciência. A objeção de consciência pode ser apresentada em atividades que consistem na exploração de outros animais. A solicitação deve acontecer quando o aluno se recusar a participar de atividades acadêmicas, as quais envolvam o uso de animais (vivos ou mortos). Na área de nutrição, gastronomia, no manejo de alimentos de origem animal também pode ser solicitada. Dá-se como motivo da recusa, o respeito à ética dos Direitos Animais que preconiza o fim de todos os meios de exploração animal.

Quem faz uso da objeção de consciência é adepto à ética animal e tem como argumento, na vivissecção, por exemplo, que é uma forma de escravizar e assassinar animais causando um sofrimento evitável, e que não se pode obrigar o indivíduo a usar animais vivos ou matá-los para um fim acadêmico.

Muitas universidades ainda possuem o corpo administrativo e docente com a mentalidade antropocêntrica e, em algumas situações, negam ao estudante realizar atividades substitutivas. Além de efetuarem notas negativas, ridicularizam o aluno, pelo fato de não desejar causar dor e sofrimento aos outros animais.

A instituição tem o dever de orientar ao estudante que, no Brasil, é permitido a recusa na participação de aulas que utilizem animais em salas de aula. Nesse caso, o estudante tem o direito à atividade substitutiva, sem prejuízo de nota[70].

O Conselho Nacional de Controle da Experimentação Animal (CONCEA), em fevereiro de 2016, acatou a solicitação do 1R e da OAB, de novembro/2015, e aprovou a Diretriz Brasileira para o Cuidado e a Utilização de Animais em Atividades de Ensino ou de Pesquisa Científica, determinando que as instituições promovam alternativas nas avaliações e, consequentemente, respeitem a Objeção de Consciência[71].

5.16 - Substituição das Experiências com os outros animais

Além da alimentação animalizada, as sociedades fazem outros usos que causam prejuízo aos animais como na pesquisa de fármacos, cosméticos e produtos de limpeza. Para regulamentar e coibir abusos, são criadas leis, normas, comitês de éticas, com o sentido de estabelecer o bem-estarismo, o reducionismo do uso de animais e, por fim, métodos substitutivos. O Guia para Avaliação de Segurança de Produtos Cosméticos, da Agência Nacional de Vigilância Sanitária – ANVISA[72], regulamenta que seja praticado o princípio dos 3Rs (Refinamento, Redução e Substituição), como segue abaixo:

O princípio dos 3Rs está baseado no conceito definido por William Russell e Rex Burch, em 1959, no livro Principles of Humane Experimental Technique, representando o refinamento, redução e substituição (Refinement, Reduction e Replacement). Tem como estratégia, uma pesquisa racional minimizando o uso de animais e o seu sofrimento, sem comprometer a qualidade do trabalho científico que está sendo executado, visualizando, futuramente, a total substituição de animais por modelos experimentais alternativos[72].

A mudança de postura da sociedade em relação ao uso dos animais está refletindo nos rumos da produção industrial. Várias indústrias têm desenvolvido produtos de alta qualidade, sem utilizar testes em animais, bem como vem se intensificando pesquisas por métodos substitutivos.

Em 2014, dezessete métodos alternativos ao uso de animais foram reconhecidos pelo Conselho Nacional de Controle de Experimentação Animal (CONCEA)[73], validados pelo Centro Brasileiro de Validação de Métodos Alternativos (BRACVAM) ou por estudos colaborativos internacionais publicados em compêndios oficiais. A lista inaugura o novo processo que dispõe sobre o reconhecimento no Brasil de métodos substitutivos validados.

Em 7 agosto de 2015, ocorreu a aceitação pela ANVISA[74] dos métodos alternativos de experimentação animal reconhecidos no Brasil pelo CONCEA, que objetivam a substituição, a redução ou o refinamento do uso de animais em atividades de pesquisa.

Independente da regulamentação oficial, em vários países, empresas criaram produtos seguros (não testados em animais) para os consumidores. Como não existe uma identificação padrão ou regulamentada, organizações em prol da libertação dos animais criaram seus próprios métodos.

Um dos métodos mais conhecidos é o selo que tem um coelho saltitante desenhado com a frase "Cruelty Free", na tradução literal "livre de crueldade", ou seja, "produto não testado em animais". Esses selos são concedidos às empresas que se comprometem a não realizar testes em animais e não recebem ingredientes de fornecedores que praticam testes em animais. Empresas nacionais já aderiram a esse sistema de identificação.

Algumas empresas colocam apenas a mensagem "Produto não testado em animais". É um mercado crescente e promissor em um mundo em que, cada vez mais, pessoas buscam, como critério principal de compra, a ética.

Segue abaixo figuras com produtos cosméticos identificados com a informação de ausência de testes realizados em animais:

Figura 21 Exemplos de selos identificando que o produto não testa em animais Disponível em: *http://be-cruelty-free.blogspot.com.br/2013/08/os-testes-em-animais-minha-opiniao.html*

Figura 22 Produto nacional com a identificação. Disponível em: *http://be-cruelty-free.blogspot.com.br/2013/08/os-testes-em-animais-minha-opiniao.html*

Considerações Finais

A classificação das relações humanas com os outros animais: relações místicas, teocêntricas, antropocêntricas e biocêntricas contribuem para melhor compreensão sobre a persistência humana quanto à violência e exploração aos outros. É possível compreender qual período na linha de tempo está embasado determinado pensamento, argumento, postura e ação em relação aos outros animais.

Uma tatuagem de um animal que remete a um significado é uma concepção mística. Utilizar animais para experiência ao benefício humano é uma relação antropocêntrica. Comprar cães de raça para status social, segurança do quintal, fazer companhia ou aliviar uma carência afetiva é, inicialmente, uma relação antropocêntrica. Adotar um cão necessitado de cuidados, conduzindo para um local adequado, é uma relação biocêntrica. A visão de que os outros animais são inferiores e criados por Deus, é um argumento teocêntrico. Frequentar zoológicos, circos com animais, aquários, rodeios são relações simultâneas, teocêntricas e antropocêntricas (conferindo a superioridade humana em relação aos animais, utilizando-os como objetos de entretenimento).

Sensibilizar as pessoas a avaliar as relações prejudiciais que causam exploração, dor e sofrimento, é questionar e tentar melhorar a própria condição humana.

O presente trabalho é um convite às discussões sobre o papel humano em relação aos outros animais. Respeitar os irmãos sencientes do reino animal, também é conservar seu habitat, pois os animais e as plantas estão em simbiose, um não sobrevive sem o outro. Contemplar a ética a todos aqueles que têm a capacidade de sentir e ter consciência proporciona uma reflexão menos antropocentrista. Uma educação que contemple os outros animais como indivíduos de direito, sem a visão antropocêntrica de exploração, leva à possibilidade de formar cidadãos que tratem os da própria espécie com mais respeito, compaixão, sensibilidade e sem violência.

O que importa formar pessoas bem sucedidas?[35]

Se galinhas vivem em lugares do tamanho de uma folha A4. Camelos estão fora dos desertos, como embaixadores infelizes, em prisões dentro de zoológicos no cerrado brasileiro. Peixes e baleias estão fora do mar, presos em tanques e pássaros, não estão voando livremente e, sim, engaiolados ao entretenimento humano.

O que importa formar pessoas bem sucedidas?[35]

Se estes não são educados a ter consideração com as fêmeas. Vacas que são inseminadas constantemente sob um único propósito: serem exploradas e mortas nos matadouros. Seus filhotes são considerados "subprodutos" da indústria de laticínios e são separados à força de suas mães, que gritam por dias, tudo na intenção de violar o direito mais básico, o direito de um filho beber o leite de sua mãe.

O que importa formar biólogos, veterinários, bioeticistas?

Se estes não são educados a ter consideração pela dor alheia, não são estimulados a colocar em prática o critério ético para reconhecer os direitos intrínsecos dos outros animais e relutam pela exploração e matança.

E a compaixão pelos filhos das vacas, que serão mortos ainda bebês, para produção de vitela, baby bife ou voltam para as mães, triturados, juntos à ração?

Que humanidade é essa? Em que rouba leite de um recém-nascido e obriga mães a comerem seus próprios filhos.

Agradecimentos

Andrea Marilza Libano
Leandro Fazio
Frente de Ações pela Libertação Animal (FALA)

Revisão linguística
Francisco Rodrigues Júnior
Pris Ka

Andrezza e Ana Luiza

A todas as pessoas que mudaram o seu mundo, por compaixão aos outros animais e compartilharam suas experiências.

Dedicatória

A todos os animais com os quais tive oportunidade de conviver.
A todos que prejudiquei pela minha ignorância.
A todos que, ainda sem saber, posso estar prejudicando.
A todos que ajudei.

A todos os animais não humanos, que possuem a capacidade de
sofrer e que recebem da mão tirana da humanidade diversas formas
de crueldade; muitas delas aceitáveis, moralmente.

Como exemplo, a existência afastada aos olhos dos matadouros;
porém, a convivência e cumplicidade bem próxima.

A uma gatinha chamada Nanã

Sugestões de Vídeos

A Engrenagem - Live and let live – Okja - What the Health - Vegan 2017

Referências

1 - LOCKE, John. Ensaio Acerca do Entendimento Humano. São Paulo: Abril Cultural, 1978.

2 - VICO, Giambattista. Princípios de (uma) Ciência Nova (acerca da natureza comum das nações). São Paulo: Ed. Nova Cultural, 2005.

3 - DARWIN, Charles. The descent of man. Chicago/London: William Benton Publisher, 1972 [1871].

4 - BACKES, Marli Terezinha Stein; BACKES, Dirce Stein; MEIRELLES, B.H.S.; ERDMANN, A.L. Noções de natureza e derivações para a saúde: uma incursão na literatura. Rev.Physis vol.20 no.3. Rio de Janeiro: 2010. Disponível em: <http://dx.doi.org/10.1590/S0103-73312010000300003> Acesso em 04 dez 2014.

5 - MORRIS, Desmond. O Contrato Animal. Rio de Janeiro-RJ. Editora Record: 1990.

6 - NOGUEIRA C.B.C, DANTAS F.A.C. O Sumak Kawsay (BuenVivir) e o novo constitucionalismo latino-americano: uma proposta para concretização dos direitos socioambientais? Universitas e Direito. 2012 1(1):24-42. Disponível em: http://www2.pucpr.br/reol/index.php/universitas?dd99=pdf&dd1=7481. Acesso em 26 nov. 2016.

7 - SINGER P. Libertação Animal, São Paulo. WMF Martin Fontes; 2010.

8 - Singer P., Ética Prática, São Paulo. Martin Fontes; 1993.

9 - DULLEY R.D. Noção de Natureza, Ambiente, Meio Ambiente, Recursos Ambientais e Recursos Naturais. Agric. São Paulo, São Paulo, 51(2): 15-26. 2004.

10 - ARAGUAIA, Mariana. "Relações ecológicas"; Brasil Escola. Disponível em <http://brasilescola.uol.com.br/biologia/relacoes-ecologicas.htm>. Acesso em 09 dez. 2016.

11 - LÁZARO, Soares de Assis. Dicionário Teológico Brasileiro. Disponível em: http://www.uniaonet.com/espdicionario04.htm. Acesso em: 28 out. 2016

12 - BARBOSA M.A., MELO M.B., SILVEIRA J.R.S., BRASIL V.V., MARTINS C.A., BEZERRA A.L.Q. Saber Popular: sua existência no meio universitário. 2004. Disponível em: < http://www.scielo.br/pdf/reben/v57n6/a17.pdf >. Acessado em: 15 ago. 2015.

13- RODRIGUES, A.L.F. O boto na verbalização de estudantes ribeirinhos: uma visão etnobiológica. - Belém, 2008. Disponível em:<http://www.ufpa.br/ppgtpc/dmdocuments/MESTRADO/DissertAngelicaRodrigues 2008.pdf>. Acessado em: 15 ago. 2015.

14 - ALVES, R.R.N; ROSA, I.N.; SILVA, C.S. Comércio informal de animais para fins medicinais em áreas urbanas: implicações para sustentabilidade e saúde pública. IV Encontro Nacional e II.

15 - VIVEIROS, E. Os pronomes cosmológicos e o perspectivismo ameríndio. Mana, Rio de Janeiro, v. 2, n. 2, p. 115-144, Oct. 1996 . Disponível em: <http://www.scielo.br/scielo.php?script=sci_arttext&pid=S0104-93131996000200005>. Acesso em: 21 set. 2016.

16 - SHIVA, Vandana. Biopirataria. A pilhagem da natureza e do conhecimento. Petrópolis: Vozes, 2001. Disponível em: http://www.ibvivavida.org.br/index.php?option=com_content&view=article&id=1599:not1725&catid=34:noticias&Itemid=54 Acessado em: 10 dez. 2016

17 - MITO+GRAPHOS. Lendas, mitos, crenças... histórias dos personagens fantásticos pelo mundo. Disponível em: http://mitographos.blogspot.com.br/2010/07/anhanga.html. Acessado em: 10 dez. 2016.

18 - LUIZ, Mauri Heerdt; ARTULINO José Besen; DE COPPI, Paulo. O Universo Religioso - As grandes Religiões e Tendências Religiosas Atuais. 2008.

19 - BRASIL, Supremo Tribunal Federal. STF Julga inconstitucional Lei Cearense que Regulamenta Vaquejada – Notícias STF. Disponível em: www.stf.jus.br. Acesso em 03/11/2016

20 - BARBOSA F. STF julga inconstitucional lei que regula vaquejada no Ceará – Cofemac. Disponível em: cofemac.com.br Acesso em 03 nov. 2016.

21 - TELINO H. O STF a Vaquejada: breves comentários sobre o acórdão da ADI nº 4983. Disponível em https://htelino.jusbrasil.com.br. Acessado em 03 nov. 2016.

22 - CÂMARA DOS DEPUTADOS. Projetos de Lei e Outras Proposições. Disponível em: http://www.camara.gov.br/proposicoesWeb/fichadetramitacao?idProposicao=2114604 Acessado em: 11 dez. 2016.

23 - AGENCIA SENADO. Projeto que dá à vaquejada status de patrimônio cultural imaterial vai à sanção. Disponível em: http://www12.senado.leg.br/noticias/materias/2016/11/01/projeto-que-da-a-vaquejada-status-de-patrimonio-cultural-imaterial-vai-a-sancao. Acessado em: 11 dez 2016.

24 - O HOLOCAUTO ANIMAL. IPHAN se nega a reconhecer vaquejada como "patrimônio cultural". Disponível em: https://oholocaustoanimal.wordpress.com/2016/12/07/iphan-se-nega-a-reconhecer-vaquejada-como-patrimonio-cultural/. Acessado em: 11 dez 2016.

25 - IPHAN. Ofício nº. 852/2016 – PRESI/IPHAN. Posicionamento do IPHAN sobre o reconhecimento do Rodeio e da Vaquejada como manifestação cultural pelo Legislatuvi Federal. Disponível em: https://oholocaustoanimal.files.wordpress.com/2016/12/iphan-vaquejadas-e-rodeios.pdf . Acessado em: 11 dez 2016

26 - AIDAR, Jose Luiz; MACIEL, Márcia. O que é Vampiro. Coleção Primeiros Passos. Editora Brasiliense: São Paulo, 1986. Disponível em: file:///C:/Users/ra31411055/Downloads/11075-31589-2-PB.pdf
27 - GOVERNO DO DISTRITO FEDERAL/Secreatria de Saúde/Vigilância Ambiental. Morcegos em Edificações Urbanas. Disponível em: http://www.icmbio.gov.br/cecav/images/download/folder_zoonose.pdf Acessado em: 11 dez 2016.
28 - FRANCIONE G.L.Introduction to Animal Rights: Your Child or the Dog? Philadelphia: Temple University Press, 2000 (p.1-9)
29 - LISBÔA L. Bicho do mato e da cidade. Disponível em: http://planetasustentavel.abril.com.br/noticia/atitude/criancas-brincam-dentro-casa-deficit-natureza-648529.shtml . Acessado em: 11 dez 2016
30 - Não encontrada a referência
31 - MÜLLER B. Veganismo, vegetarianismo e protovegetarianismo: definições e concepções. 2010. Disponível em <http://sociedadevegana.org/artigos/veganismo-vegetarianismo-e-protovegetarianismo-definicoes-e-concepcoes/>. Acessado em 16 set. 2016.
32 - CARMO DO, Manoel Pereira Soares. Entre o antropocentrismo e o biocentrismo: colisão ou aproximação? 2011. Disponível em: < http://scielo.iec.pa.gov.br/pdf/rpas/v2n4/v2n4a01.pdf >. Acessado em: 15 ago. 2015.
33 - JOY, Melanie. Por Que Amamos Cachorros, Comemos Porcos e Vestimos Vacas. Cultrix, 2014.
34 - SLYWITCH, E. Virei vegetariano e agora? São Paulo: Alaúde Editorial, 2010.
35 - BRASIL. Vamos cuidar do Brasil: conceitos e práticas em educação ambiental na escola. Brasília: Ministério da Educação, Coordenação Geral de Educação Ambiental: Ministério do Meio Ambiente, Departamento de Educação Ambiental: UNESCO, 2007. Disponível em: http://portal.mec.gov.br/dmdocuments/publicacao3.pdf Acesso em: 28. jul.15.
36 - IBOPE, Dia Mundial do Vegetarianismo: 8% da população brasileira afirma ser adepta do estilo. 2012. Disponível em: http://www.ibope.com.br/pt-br/noticias/Paginas/Dia-Mundial-do-Vegetarianismo-8-da-populacao-brasileira-afirma-ser-adepta-ao-estilo.aspx Acesso em: 5 nov. 2016.
37 - FELIPE S.T. Abolicionistas, bem-estaristas, socorristas. Jornalismo. ANDA. 2011. Disponível em: http://www.anda.jor.br/26/12/2011/abolicionistas-bem-estaristas-socorristas Acesso em: 5 nov. 2016.
38 - PORCHER, J. "Você liga demais para os sentimentos" "Bem-estar animal", repressão da afetividade, sofrimento dos pecuaristas. Prod., São Paulo, v. 14, n. 3, p. 35-44, Dec. 2004. Disponível em:

http://www.scielo.br/scielo.php?script=sci_arttext&pid=S0103-65132004000300005. Acesso em: 5 nov. 2016.
39 - TRINDADE, G.G. Animais como pessoas: a Abordagem Abolicionista de Gary L. Francione / Gabriel Garmendia da Trindade. Dissertação de Mestrado da UFSM. Santa Maria-DF. 2013. 219 p.
40 - LEON D. Contraponto – parte III – A origem do mal. Jornalismo ANDA. 2011. Disponível em: http://www.anda.jor.br/19/12/2011/contraponto-%E2%80%93-parte-iii-%E2%80%93-a-origem-do-mal Acesso em: 5 nov. 2016.
41 - DICIO, Dicionário Online de Português. Disponível em: https://www.dicio.com.br/ativista/ Acesso em: 5 nov. 2016.
42 – BRASIL, Embrapa. Origem e evolução de plantas cultivadas / editores técnicos, Rosa Lía Barbieri, Elisabeth Regina Tempel Stumpf. – Brasília, DF : Embrapa Informação Tecnológica, 2008
43 - FAO., Food and Agriculture Organization of the United Nations. Informações sobre população, estatísticas produção. 2012. Disponível em: <http://www.fao.org/docrep/015/i2490e/i2490e00.htm>. Acessado em: 27 set.16.
44 - WORLDWATCH INSTITUTE. Consumer trends. Disponível em: <http://www.worldwatch.org/node/810>. Acesso em 27.set.16.
45 - MACIEL, F.O.; ZERAIK, D.G.; LANDGRAF, P.R.C. Vegetarianismo: luta contra a assimétrica geopolítica da carne. In: XII Seminário UNIFENAS Rural, Alfenas-MG, 2014. Anais. ISSN 2178-2458. Disponível em: <http://www.unifenas.br/extensao/unifenasrural/XIISeminrioUnifenasRural.pdf > Acesso: 27.set.16.
46 - UNEP., United Nations Environment Programme, Assessing the Environmental Impacts of Consumption and Production Priority Products and Materials, 2010. Disponível em: <http://www.unep.org/resourcepanel/portals/24102/pdfs/priorityproductsandmaterials _report.pdf>. Acessado em: 27 set.16.
47 - UNEP., United Nations Environment Programme, Our Nutrient World The challenge to produce more food and energy with less pollution, 2013. Disponível em: <http://www.unep.org/gpa/documents/publications/ONW.pdf>. Acessado em: 27 set. 2016.
48 - FEARNSIDE, P.M. A floresta Amazônica nas mudanças globais. Manaus: INPA, Instituto Nacional de Pesquisas da Amazônia, 2003.
49 - FAO., Food and Agriculture Organization of the United Nations. Livestock impacts on the environment. 2006. Disponível em: < http://www.fao.org/docrep/010/a0701e/a0701e00.HTM >. Acessado em: 27.set.16.
50 - SABESP. - Companhia de Saneamento Básico do Estado de São Paulo. O uso racional da água no comércio. São Paulo: Fecomércio, 2010. Disponível em:

http://site.sabesp.com.br/uploads/file/asabesp_doctos/cartilha_fecomercio.pdf
Acesso: 27.set.16.
51 - S.V.B. Cartilha da Sociedade Vegetariana Brasileira. Impactos Sobre o Meio
Ambiente do Uso de Animais para Alimentação. Cartilha da Sociedade Vegetariana
Brasileira Disponível em: https://pt.scribd.com/document/967852/CARTILHA-DA-
SBV-Impactos-sobre-o-meio-ambiente Acessado em: 13 dez. 2016.
52 - TYGEL Alan. O golpe ruralista e o preço do feijão. Brasil de Fato. 2016.
Disponível em: https://www.brasildefato.com.br/2016/06/29/opiniao-o-golpe-ruralista-
e-o-preco-do-feijao/index.html Acessado em: 14 dez 2016.
53 - IBGE. Instituto Brasileiro de Geografia e Estatística. Censo agropecuário 2013
Estatística. Disponível em:
<http://www.ibge.gov.br/home/estatistica/economia/agropecuaria/censoagro/brasil_2
0/ Brasil_censoagro.pdf > Acesso em: 20.jun.15
54 - IBGE, Instituto Brasileiro de Geografia e Estatística. Censo agropecuário 2015.
Estatística. Disponível em:
<http://itarget.com.br/newclients/sober.org.br/2014/52congresso/pdf/censoagropecua
rio.pdf> Acesso em 20.jun.15
55 - BRASIL. Ministério da Agricultura, Pecuária e Abastecimento. Programa
Nacional de Abate Humanitário. Brasília: MAPA/SDA/DSA, 2012. Disponível em:
http://www.agricultura.gov.br/arq_editor/Manual%20Bovinos.pdf Acesso: 11.ago.15
56 - ALEXANDRA, I. P. T., LÚCIA M. A. C. Análise Crítica sobre a Declaração
Universal dos Direitos dos Animais. Revista Brasileira de Direito Animal. Ano 5. V.7.
p. 169-195. 2010.
57 - Declaração Universal dos Direitos Humanos. Disponível em:
<http://www.dudh.org.br/declaracao/http://www.dudh.org.br/declaracao/> Acesso em
19.set.16.
58 - VARELLA, Marcos. Cientistas dizem que aves e até polvos tem alguma
consciência.
Folha de São Paulo. 23 jul. 2012. Disponível em:
http://www1.folha.uol.com.br/ciencia/2012/07/1124171-cientistas-dizem-que-aves-e-
ate-polvos-tem-alguma-consciencia.shtml. Acesso em: 13 dez. 2016.
59 - FAO., Food and Agriculture Organization of the United Nations. World Livestock
2013 – Changing disease landscapes. 2013. Disponível em:
<http://www.fao.org/docrep/019/i3440e/i3440e.pdf >. Acessado em: 27. set.2016
60 - BRASIL. Ministério da Saúde. Secretaria-Executiva. Subsecretaria de
Planejamento e Orçamento. Plano Nacional de Saúde – PNS.: 2012. Brasília:
Ministério da Saúde, 2012. Disponível em:
http://conselho.saude.gov.br/biblioteca/Relatorios/plano_nacional_saude_2012_2015
.pdf Acessado em: 13 dez. 2016

61 - ADA. Position of the American Dietetic Association and Dietitians of Canada: Vegetarian diets. Journal of the American Dietetic Ass ociation. 2009; 103:745-65.
62 - CRN, Conselho Regional de Nutrição 3a região. Parecer técnico vegetarianismo. Disponível em: < https://vista-se.com.br/conselho-regional-de-nutricionistas-crn-3-publica-parecer-sobre-dietas-vegetarianas/> Acesso: 27.set.16
63 - BRASIL. Ministério da Saúde. Secretaria de Atenção à Saúde. Departamento de Atenção Básica. Guia alimentar para a população brasileira. Brasília: Ministério da Saúde, 2014. Disponível em: <http://bvsms.saude.gov.br/bvs/publicacoes/guia_alimentar_populacao_brasileira_2ed.pdf>. Acesso em 27.set.16
64 - EL PAÍS. Carne processada e embutidos aumentam risco de câncer. Disponível em: <http://brasil.elpais.com/brasil/2015/10/26/ciencia/1445860172_826634.html> Acesso em 03.jul.17.
65 - INCA. Instituto Nacional do Câncer. OMS classifica carnes processadas como cancerígenas. Disponível em:<http://www2.inca.gov.br/wps/wcm/connect/agencianoticias/site/home/noticias/2015/oms_classifica_carnes_processadas_como_cancerigenas> Acesso em 03.jul.17.
66 - ANDA jornalismo. Chefão do matadouro derruba presidente da república. Disponível em: <https://www.anda.jor.br/2017/05/chefao-do-matadouro-derruba-presidente-da-republica/> Acesso em 03.jul.17.
67 - ANDA jornalismo. Carne fraca: operação revela venda de carne podre e vencida. Disponível em: <https://www.anda.jor.br/2017/03/carne-fraca-operacao-revela-venda-de-carne-podre-e-vencida/> Acesso em 03.jul.17.
68 - PIETRA R. Conexão entre maus-tratos aos animais e violência contra pessoas é tema de livro. Jornalismo ANDA, 2013. Disponível em: http://www.anda.jor.br/21/09/2013/conexao-entre-maus-tratos-aos-animais-e-violencia-contra-pessoas-e-tema-de-livro Acessado em: 14 dez 2016
69 - BRASIL. Ministério do Trabalho e Emprego. Trabalho Escravo Contemporâneo, 20 anos de combate. Comissão Pastoral da Terra. 2003-2014. Disponível em: <http://reporterbrasil.org.br/wp-content/uploads/2015/02/folder20anos_versaoWEB.pdf >Acesso: 27.set.16.
70 - CANOVA1 F., DA SILVA P.C., KASSISSE, D.M.G. Alternativas para a diminuição do uso de animais na educação. Rev Neurocienc 2015;23(2):313-316: Disponível em: http://www.revistaneurociencias.com.br/edicoes/2015/2302/opiniao/1037opiniao.pdf Acessado em: 14 dez 2016.
71 - JUSBRASIL. OAB anuncia fim das repressões nas salas de aula. 2016. Disponível em: http://faunacomunicacao.jusbrasil.com.br/noticias/312832452/oab-anuncia-fim-das-repressoes-nas-salas-de-aula Acessado em: 13 dez 2016.

72 - BRASIL. Agência Nacional de Vigilância Sanitária (ANVISA). Guia para Avaliação de Segurança de Produtos Cosméticos. Brasília: 2012. p.24. Disponível em: <http://www.saocamilo-sp.br/biblioteca/ebooks/Guia_cosmeticos_grafica_final.pdf>Acesso: 27.set.16.
73 - BRASIL. Ministério da Ciência, Tecnologia e Inovação (MCTI). Concea abre consulta pública para capítulos de guia de uso de animais. Brasília: 2014. Disponível em: <http://www.mcti.gov.br/noticia/-/asset_publisher/epbV0pr6eIS0/content/concea-abre-consulta-publica-para-capitulos-de-guia-de-uso-de-animais;jsessionid=4385F389775D7F88D230A43E24220A15?p_r_p_564233524_tag=guia+brasileiro+de+produ%C3%A7%C3%A3o>Acesso: 27.set.16.
74 - BRASIL. Ministério da Ciência, Tecnologia e Inovação (MCTI). Diário Oficial da União. Brasília: 2015. Disponível em: <http://www.mct.gov.br/upd_blob/0237/237448.pdf > Acesso: 27 set.16.